墨香财经学术文库

"十二五"辽宁省重点图书出版规划项目

U0813617

Research on Decision and Method of Enterprise Environmental Reverse Logistics

企业绿色逆向物流决策方法研究

王文娟◎著

东北财经大学出版社
Dongbei University of Finance & Economics Press
大连

© 王文娟 2014

图书在版编目（CIP）数据

企业绿色逆向物流决策方法研究 / 王文娟著．—大连：东北财经大学出版社，2014.6

（墨香财经学术文库）

ISBN 978-7-5654-1530-2

Ⅰ. 企… Ⅱ. 王… Ⅲ. 企业管理-物流-物资管理-决策方法-研究 Ⅳ. F273.4

中国版本图书馆 CIP 数据核字（2014）第 102773 号

东北财经大学出版社出版发行

大连市黑石礁尖山街 217 号 邮政编码 116025

教学支持：（0411）84710309

营 销 部：（0411）84710711

总 编 室：（0411）84710523

网 址：http：//www.dufep.cn

读者信箱：dufep@dufe.edu.cn

大连图腾彩色印刷有限公司印刷

幅面尺寸：170mm×240mm 字数：130 千字 印张：9 1/2 插页：1

2014 年 6 月第 1 版 2014 年 6 月第 1 次印刷

责任编辑：孙晓梅 王 斌 责任校对：王 娟 赵 楠

封面设计：冀贵收 版式设计：钟福建

定价：36.00 元

前　言

社会生产力的提升，极大地提高了人类社会的生活水平。然而，人类在追求经济快速发展的同时，也付出了巨大代价，比如说有目共睹的环境破坏。各国政府对环境问题十分重视，不仅大力开发绿色新能源，以代替石油、煤炭等常规能源，减少二氧化碳排放，缓解温室效应，推行生产者责任延伸制度，还出台大量法律、规范限制对环境的破坏。我国国务院于 2013 年 9 月发布《大气污染防治行动计划》，这是继环保部等三部委于 2012 年底联合发布《重点区域大气污染防治“十二五”规划》之后，中国出台的第二个大气污染防治规划。该规划涉及燃煤、工业、机动车、重污染预警等十条措施，被称为空气“国十条”。如何能够在创造价值的同时，有利于环境保护，是目前大家共同关注的问题。

作为现代绿色物流与供应链管理的重要组成部分，逆向物流一直是学术界与企业界共同关注的焦点，大家期待着能从这块“黑暗大陆”挖掘到“第三利润源泉”。从企业自身角度出发，如何迎接逆向物流带给企业的机遇与挑战？在面临逆向物流决策问题的时候，应该如何根据企业自身状况，制定决策方案？本书作为作者近年来研究的阶段性成果，将就上述问题给予剖析，希望能够给企业管理者提供一些决策方法和指导意见。

本书的基本内容主要由四部分组成。

首先，本书详尽分析了现有的传统逆向物流模式、生产商自营模式、生产商联营模式、外包模式各自的优点、缺点、适用条件和现实应用案例。

其次，从经济效益、企业学习与成长、竞争环境、法律约束、社会责任五个维度构建了科学、合理、全面的逆向物流决策指标体系，为企业清晰分析自身条件、作出合理逆向物流决策提供依据。

再次，对多属性决策方法进行了深入研究，充分认识到单纯的主观赋权方法、客观赋权方法存在众多弊端，简单的和法/乘法组合赋权对于消除主观赋权方法和客观赋权方法的作用并不明显。于是，在充分考虑决策者对主观赋权和客观赋权偏好的前提下，将密切值法与组合赋权思想融合，综合数学、管理学、运筹学、系统论、决策论等学科知识，提出一种多属性决策方法——基于密切值的组合赋权多属性决策方法，并通过算例验证其科学性，为解决多属性决策问题提供方法支持。

最后，对铁矿矿山企业的尾矿处理问题进行了调查。尾矿处理问题直接关系到环境保护、企业形象、企业利润和生产者责任，作为矿山企业的决策者，运用什么方法对尾矿处理问题作出合理决策是一个战略性问题。本书就逆向物流决策问题构建了相应的指标体系，运用基于密切值的多属性决策方法，对尾矿处理问题进行了实证分析，可以帮助决策者作出合理决策。与此同时，证明了基于密切值的组合赋权多属性决策方法的科学、合理、易用与可执行性。

从研究结果来看，以循环经济和可持续发展理论为原则，构建闭合的逆向物流网络，仍然是未来研究的主要趋势，尤其是关于逆向物流管理发展标准化问题、逆向物流体系结构问题、逆向物流供应商的选择问题、决策方法等问题都需要投入更多的精力进行深入研究。

在本书的撰写过程中，作者进行了较系统的研究，借鉴了有关学者的著作、学术论文等文献，在此表示衷心的感谢。囿于作者水平，难免有疏漏和差错，衷心希望得到读者的谅解和指正。

作　者
2014 年 5 月

目　录

第1章 绪 论

1.1 问题缘起

1.1.1 研究背景

伴随经济的高速发展，人类生活得以迅速改善，然而毫无节制的过量开采，使得自然资源面临空前的浩劫，众多不可再生资源濒临枯竭。被开采的自然资源经过人类消费，最终以废弃物和垃圾的形式展现出来，这种“资源—产品—污染排放”的线性经济模式，不仅占用了宝贵的土地资源，其中所蕴含的大量有毒、有害物质还严重破坏了环境，甚至威胁到人类的生存与发展。基于对循环经济理论与可持续发展理论、环保法令约束、国家政策导向、经济利益等方面的考虑，发展逆向物流已经势在必行。

(1) 循环经济理论的崛起促进了逆向物流的诞生

人类文明的发展在极大地丰富了物质财富的同时，也对自然资源和生存环境造成严重破坏。传统的“资源—产品—污染排放”线性经济模式，导致经济活动“高开采、低利用、高排放”的特征，更给人类社会生存环境带来严重危机。面对环境问题与人类发展的尖锐矛盾，一种全新的经济模式——循环经济迅速崛起。所谓的循环经济，是一种善待地球的经济发展模式，要求遵循生态学规律，以与环境友好的方式合理利用自然资源和环境容量，在物质不断循环利用的基础上发展经济，使经济系统和谐地纳入到自然生态系统的物质循环过程中，实现经济活动的生态化。循环经济倡导的是一种与环境和谐发展的观念，遵循“减量化、再使用、资源化”的原则，以达到减少进入生产流程的物质量，以不同方式多次反复使用某种物品和使废弃物资源化的目的。循环经济模式，是一个“资源—产品—再生资源”的闭环反馈式循环过程，最终实现“最佳生产，最适消费，最少废弃”的目标。循环经济是经济利益与环境利益兼而有之的双赢经济，不仅能带来环境效益，而且产生的经济效益也很可观，是“点绿成金”的经济。

我国是一个自然资源人均占有量较低、环境容量不容乐观的发展中大国，实现全面建设小康社会的目标与满足这一目标所需要的自然资源储备之间的矛盾十分突出。要实现人与自然和谐发展，必须调整结构，深化改革，转变经济增长方式，加快发展循环经济。否则，我国的资源将难以支撑，环境将难以承受，国家竞争力将难以持续，国家安全也将难以保证。遵循循环经济理念，是我国实施可持续发展战略，实现资源节约、环境友好、经济高效、社会和谐的基本途径①。

（2）可持续发展的完善使逆向物流具备了实施基础

进入21世纪，人类所面临的资源短缺、环境恶化、人口膨胀等问题日益凸显，作为大量消耗能源、产生污染的物流业，也需要大力制约，物流业必须把“可持续发展”作为自己的“追求和理应承诺的主要目标”（王之泰，1997）。物流系统是与外界环境密切相连的复杂的、动态的、开放的大系统，同时它也是联系生态系统与经济系统的重要桥梁。单向的物流系统运行所需要的原材料取自于生态系统，运作过程中产生的废弃物又排放到生态系统，由生态系统对这些废弃物进行分解消耗，然而一个完整的物流系统应该是一个完善的闭环系统。目前理论界

① 冯之浚．循环经济是可持续发展的必由之路［N］．人民日报，2006-01-13.

和实务界只注重物流的经济效益，忽视物流系统对社会系统及环境系统的作用与影响，这是不符合可持续发展原则的，也导致了现代物流系统在理论研究与实践实施中的瓶颈现象。

(3) 环保法令的约束使人类更加重视逆向物流管理

长期以来，管理者对顾客退回的物品以及产品使用后废弃物品的处理，一直被排除在企业经营战略之外，对这些物品沿供应链逆向渠道的收集、运输和分拨即逆向物流（Reverse Logistics）活动几乎没有引起重视（Sarah Mason，2002）。直到20世纪80年代初期，“逆向物流”一词开始在国外的有关文献中出现，90年代初期逆向物流才开始在国外受到重视。这主要是由于90年代初期美国和欧洲开始制定一系列法规，禁止某些产品填埋或焚烧，继而规定取回废弃产品并要求包装物循环使用，这些举措迫使美国和欧洲的公司开始从消费者手中收回废弃品和包装物，经过处理后进行再利用。在欧洲，绿色法律和法规影响到从产品包装到产品设计的各个环节。比如，欧洲委员会制定了处理包装废物的法令，该法令于1994年底生效，要求公司必须负责90%以上产品包装物的重新恢复、循环和使用。荷兰要求汽车制造商对所有的旧汽车实行再生（Barry Jack，Girard Greg，Perras Cynthia，1993），到2003年生产企业必须通过逆向物流或第三方的收购者从消费者处收回所有的产品包装。法律约束逼迫企业更加重视逆向物流。

(4) 巨大的市场潜力引发企业对逆向物流的高度重视

逆向物流的市场非常庞大（熊中楷、方衍、张聪誉，2011）。欧盟发表的有关电子废物的报告指出，近年来每5年电子垃圾便增加16%～28%，比总废物量的增加速度还要快3倍。仅以家电行业为例，我国是世界上最大的家电生产国和消费国之一，2003年我国淘汰了500多万台电视机、400多万台电冰箱、600万台洗衣机、500多万台电脑及3 000万部手机。此外，计算机外设、影碟机等电子产品的废弃量也在逐步增长。目前我国全社会电脑保有量近2 000万台，手机约1.9亿部，电冰箱的保有量为1.2亿台，洗衣机1.7亿台，电视机4亿台，电脑1 600万台。这些电器大多是在20世纪80年代中后期进入家庭的，按照家电正常使用寿命10～15年计算，其中的大部分已经进入或者即将进入报废期。而电脑和手机的更新速度更是远快于家电产品。据中国计算机行业协会初步估算，预计未来5年，PC机及其外设每年的废弃量都将以25%～30%的速度增长。淘汰和报废的电子废弃物正越来越成为社会的负担，如果将这些报废品当作垃圾处理，在占用越来越多社会资源的同时，将会产生巨大的环境污染。与此同时，电子垃圾中含有丰富的可回收物质，包括铜、汞、金等贵重金属和塑料、玻璃以及一些能再利用的零部件，可资源化程度较高，电子垃圾再循环利用具有相当高的经济价值和环境价值。从资源再利用的角度来说，电子废弃物的处理可以带来明显的社会效益和经济效益。因此在美国、欧盟和日本等电子产业发达的国家和地区，加快发展循环经济，促进电子废弃物的资源化成为实现可持续发展战略的重要选择之一（田军、冯耕中，2005）。目前全国如果进行逆向回收，将会让企业和社会获益。逆向物流的市场是巨大的，而国内企业对这一领域的开发存在着巨大空白。无论是对企业，还是对第三方物流公司、软件开发商而言，逆向物流市场刚刚起步，前景广阔（龚英，2007）。

（5）经济利益驱使企业开发第三利润源

常用的垃圾处理方式是填埋和焚化，这两种方式不但会造成资源损耗，而且还会造成环境污染，不利于生产活动的持续健康发展。例如，在美国地毯业，一些公司开展地毯回收业务，就是为了用回收来的尼龙代替昂贵的化工原料（Louwers Dirk等，1999）。企业通过逆向物流可以获得直接或间接的经济效益。一些大公司，如3M、IBM等，在逆向物流管理领域降低由退货造成的资源损失率，发现了逆向物流的经济效益，逆向物流开始在企业界受到重视。正如西尔斯负责物流的执行副总裁所说："逆向物流也许是企业在降低成本中的最后一块处女地了。"企业将废旧物品回收再利用，一方面可以减少生产成本、减少物流消耗、挖掘废旧物品中的残余价值，直接增加经济效益；另一方面，可以在激烈的竞争环境中，提升企业的"环保"形象，改善企业与消费者的关系，间接巩固企业的市场地位，从而得到经济利益的提升（Stock等，2002）。

（6）生产者责任延伸制（Extended Producer Responsibility，EPR）强制企业运作逆向物流业务

随着人口的增加、工业进程的加快和人们消费能力的提高，城市居民排放的家庭废弃物逐年增加。据有关统计资料显示，仅经济合作与发展组织（Organization for Economic Cooperation and Development，OECD）国家，在1980—1997年间，城市垃圾排放量就增加了40%（Lehtonen M，2008）。这些数据表明，越来越多的废弃物亟待处置，然而，焚烧和掩埋显然不是最佳选择，因为这样会给环境和人类健康带来巨大压力。正是在这种背景下，生产者责任延伸制度（EPR）应运而生，与价值和准则相关的企业责任成为逆向物流形成的驱动因素之一，促使企业投身于逆向物流事业。著名的鞋类制造商耐克公司鼓励消费者将旧鞋送回商店并收购，然后送回耐克鞋厂粉碎制成篮球场和跑道，或将其捐赠，提升了品牌价值（Ravia V 等，2005）。

在中国，正向物流概念最早出现于王之泰教授于1981年在《物资经济研究通讯》发表的《物流浅谈》一文中，他第一次较为完整地将物流概念引入中国。在此之后，尤其是20世纪90年代以来，由于竞争激烈、利润下降，中国政府、企业和学术界对正向物流管理日益关注，政府加强了基础设施的建设，在全国各地兴建物流园区，并且不断出台有利于正向物流发展的政策。一些企业则纷纷将目光转向有“第三方利润源”之称的正向物流，投资兴建不同类型的流通中心、物流中心或集配中心，想以此获得新的经济增长点。几年内规模各异的物流公司在中国遍地开花，一些生产性企业或商业性企业也纷纷重视正向物流管理，在企业内部成立物流部门，把物流管理上升到战略管理的高度。学术界对正向物流的研究很多，物流高峰会、研讨会在全国各地特别是大城市接二连三地举办。而对于逆向物流国内理论界的研究并不多，在中国除了一些跨国公司开始关注逆向物流管理外，中国公司很少关注到这一领域，但随着近几年政府对发展可持续经济的重视，逆向物流所遵循的环境保护原则开始受到了国内学者和政府的重视，加之庞大的市场诱惑，可观的经济利益，企业自身的责任延伸，环保法令的约束，以及中国加入WTO，建立逆向物流体系、解决企业逆向物流决策问题势在

必行。

1.1.2 研究意义

（1）理论意义

①促进循环经济发展

“循环经济”思想萌芽于20世纪60年代美国经济学家波尔丁的“宇宙飞船理论”，该理论对传统经济的“资源—产品—排放”的线性增长方式提出批评，认为循环经济是以生态学规律为指导，将清洁生产、资源的循环利用、废弃物的高效利用和可持续发展融为一体的生态经济，之后这种观点逐步受到学术界和许多国家政府的认可。目前，发展循环经济已经成为世界经济发展的趋势。实践证明，发展循环经济是解决能源、资源、环境、发展问题的重要途径。随着经济的发展，我国能源、资源、环境的矛盾越来越突出，在这种情况下，发展循环经济，就显得尤为重要和迫切（张敬文，2007）。

人类在经济发展过程中经历了三种经济模式。第一种是传统经济模式，是一种“资源—产品—污染排放”单向流动的线性经济。在这种经济活动中，对资源的利用是粗放的和一次性的，其特征是高开采、低利用、高排放。第二种是“生产过程末端治理”模式。在这种模式下，人们意识到环境保护的重要性，采用“先污染，后治理”的方法，这种做法技术难度大，治理成本高，经济效益、社会效益和环境效益都很难达到预期目的。第三种是循环经济模式，它是人们对前两种模式难以为继反思之后，在实践中总结出来的一种新经济模式。它要求把经济活动组织成一个“资源—产品—再生资源”的反馈式过程，在这个生产循环过程中，物质和能量得到合理和持久的利用，从而把经济活动对自然环境的影响降低到尽可能小的程度。循环经济把经济发展、社会发展和环境保护有机地统一起来，成为可持续发展的重要部分，是中国现阶段所追求的经济模式（龚英，2006）。

循环经济，实质上是一种生态经济，是一种以资源的高效和循环利用为核心，以“减量化、再利用、资源化”为原则，以低消耗、低排放、高效率为基本特征，符合可持续性发展的经济增长模式，是对

"大量生产、大量消费、大量废弃"的传统增长模式的根本变革（国家发改委，2004）。循环经济在其循环过程中，能更有效地利用资源和保护环境，以尽可能小的资源消耗和环境成本，获得尽可能大的经济效益和社会效益。一方面，有助于减轻经济增长对资源供给的压力，缓解资源的约束矛盾；另一方面，减少经济发展带来的对生态环境的污染，解决经济发展与环境保护的矛盾，获得经济、社会、环境的同步协调可持续发展。

循环经济发展模式要求企业改变以往粗放的经济增长方式，依靠科技、组织、制度的创新，提高资源利用率，降低次品率，减少废弃物、污染物的排放，同时要对生产中的废弃物进行综合利用，提高资源的使用效率。这就要求企业重新审视原来的供应链物流管理，不仅要提高正向物流的效率，更要将逆向物流提高到企业战略管理的高度。

党的"十六大"报告提出在21世纪头20年全面建设小康社会的目标，其中就包括：可持续发展能力不断增强，资源利用率显著提高，推动整个社会走上生产发展、生活富裕、生态良好的文明发展之路。可持续发展的重点就是循环经济。我国经济目前已进入高速发展阶段，但这是以高资源消耗和环境污染为代价的。我国资源相对贫乏，生态环境脆弱，世界石油储备量可用200年的时间，而我国只能用70年；世界天然气储备量可用50年的时间，而我国只能用20年。同时，我国能源利用效率非常低，经济学家估计，我国需要世界能源平均值的3倍、日本的7倍，来赚取1美元的收入。在资源存量和环境承载力两方面都经受不起传统经济形式下高强度的资源消耗和环境污染，建立资源环境低负荷的社会消费体系，走循环经济之路，已成为我国的必然选择。循环经济要求按照自然生态物质循环方式运作经济，资源节约和循环利用为其主要特征，它符合了可持续发展的要求，但其发展任重而道远。我国资源重复利用率远低于发达国家。例如，尽管我国人均水资源拥有量仅为世界平均水平的1/4，但水资源循环利用率比发达国家低50%以上。资源再生利用率也普遍较低，我国即将进入汽车社会，而废旧轮胎再生利用率仅有10%左右，远低于发达国家水平。欧盟的旧车处理条款要求垃圾处理企业必须对一辆废旧汽车的80%进行再利用。在日本，购买汽车时必须预缴约2万日元的回收费用。相比之下，我国的回收利用率太低。发展逆向物流，在节约资源和再生资源方面大有可为（龚英，2006）。

②完善可持续发展理论

“可持续发展”概念的出现，要追溯到20世纪60年代末。人类开始关注环境问题，最早是在1972年在斯德哥尔摩举行的联合国“人类环境会议”上。1987年4月27日，世界环境与发展委员会发表了一份题为《我们共同的未来》的报告，提出了“可持续发展”的战略思想，确定了“可持续发展”的概念。所谓“可持续发展”，就是“既满足当代人的需要，又不对后代人满足其需要能力构成危害的发展”。这一定义得到广泛接受，并在1992年联合国环境与发展大会上取得了与会者的共识。可持续发展是一个密不可分的系统，既要达到发展经济的目的，又要保护好人类赖以生存的大气、淡水、海洋、土地和森林等自然资源和环境，使子孙后代能够永续发展和安居乐业。可持续发展与环境保护既有联系，又不等同。环境保护是可持续发展的重要方面。可持续发展的核心是发展，其要求在严格控制人口、提高人口素质、保护环境和资源永续利用的前提下进行经济和社会的发展。发展是可持续发展的前提；人是可持续发展的中心体；可持续长久的发展才是真正的发展。

可持续发展的原则之一，就是使今天的商品生产、流通和消费不至于影响未来商品的生产、流通和消费的环境及资源条件。将这一原则运用于现代物流管理中，就是要求从环境保护的角度对现代物流体系进行研究，改变经济发展与物流之间的单向作用关系，抑制物流对环境造成的危害，同时又要形成一种促进经济和消费生活健康发展的现代物流系统。实现可持续发展作为一种新的社会发展观，被各国所重视并达成共识，而逆向物流的发展是实现社会可持续发展的重要手段之一，这就使“逆向物流”得到越来越多的关注。

第一，降低资源消耗，促进可持续发展。

从微观上来看，企业传统的物资管理往往仅限于企业内部，不重视企业外部废旧产品及其物料的回收和有效利用，造成大量可再用社会资源的闲置和浪费，这与社会可持续发展是不协调的。整个地球可利用的资源本来是有限的，加上以往对社会可持续发展的认识不足，已经造成森林过度砍伐，石油过度开采，水土流失严重，土地愈发贫瘠等问题。逆向物流的开展为废旧产品的回收和利用架设了桥梁，通过废旧物资的回收和利用，节省了大量的社会资源，促进了可持续发展。另外由于废旧产品的回购价格较低，来源充足，对这些产品回购加工还可大幅度降低企业的物料成本。在市场竞争日益激烈的今天，通过废旧产品的回收来进一步降低市场的原材料成本，已成为许多企业提高竞争力的措施之一。特别是随着经济的发展，资源短缺日益加重，资源的供求矛盾更加突出，逆向物流将越来越显示其优越性。

第二，改善环境，促进可持续发展。

随着生活水平和文化素质的提高，逆向物流和可持续发展意识日益增强，人们对环境的期望值越来越高。环境破坏是一个特殊的问题，它不像教育、医疗卫生、营养和预期寿命，可能会随着经济发展而得到改善，它很多时候会由于经济发展而遭到破坏，受害者并不仅仅是享受发展成果的受益者，还可能是继承了遭到破坏的环境的后人。环境保护的好坏也是衡量发展质量的指标之一，发展的可持续性取决于环境和资源的可持续性。

生产、消费及物流会在相当程度上导致环境污染，比如，废气排放到空气中会对大气环境造成污染，城市的生活垃圾则携带着各种重金属和有机物渗入地下或进入下水道，严重污染地下水，废弃在土壤中的发酵物质产生的甲烷气体也会污染大气。有些企业由于从自身成本考虑，往往忽视甚至无视废旧物品的管理，忽视环境保护，最终损害了社会的可持续发展。为此，实施逆向物流后可将这些破坏环境的废旧物品进行回收、加工、处理，为改善环境、促进可持续发展服务（顾亚竹，2004）。

（2）现实意义

随着循环经济与可持续发展理念的深入，关于逆向物流的研究也成为新的热点，尤其是在当今资源日益匮乏的情况之下，有效地管理逆向物流，意义重大。

①逆向物流是企业竞争的新优势

逆向物流理论是对正向物流和供应链理论的完善。经济学家和企业家纷纷呼吁利用环境导向型的资源和能力去开创可持续发展的竞争优势。美国物流管理协会的资深专家、南佛罗里达大学教授詹姆斯·司多克描述逆向物流时说："公司对退货如何处置，已经成为一项标新立异的竞争战略，并正成为提高效率的全新领域。"著名品牌 EStee Launder 在全球范围年销售额达到 40 亿美元，但同时每年报废和损坏的数额达 1.9 亿美元，约占销售额的 4.75%。每年的巨额流失使 EStee Launder 公司痛下决心改善其原先忽视的逆向物流领域。IBM、通用汽车等企业也纷纷涉足这一特殊"油田"，进行深度挖掘、系统控制和强化现场管理，并相继探到和钻出了新的"油井"，而成本下降和服务满意度提高则是最直接的获益（田军，冯耕中，2005）。由此可见，企业的竞争优势将主要体现在重复使用（Reuse）、再利用（Recycling）、回收（Reclamation）、再销售（Resale）、修补翻新（Reconditioning）和再制造（Remanufacturing）等方面，从而获得消费者的信赖，赢得市场份额。

②逆向物流能够帮助正确处理经济利益与社会效益之间的矛盾

正确处理经济利益与社会效益的矛盾，这是可持续发展的现实选择。由于环保法规的约束，企业应坚持通过产品回收来减少产品对环境的危害，以达到国家的环保标准，然而，产品回收却不一定能够带来经济利益，甚至会造成亏损。为解决这一矛盾，有些国家采取政府或行业协会补贴的方式促使企业开展并运作逆向物流业务，如美国、荷兰等国家都采取这种方式。此外，企业或社会的正向物流和逆向物流由于公用仓储、运输等设施在加工、库存、配送等环节往往会发生冲突，为了确保常规品业务正常运作，企业不得不放弃回收品业务。为此，许多企业采取两种产品业务流程分离的办法，以提高回收品业务的运作效率。

进入 21 世纪后，随着社会经济的飞速发展，物流活动对环境的负面影响越来越大，环境资源恶化程度日益加深，环境污染对人类的生存和发展构成巨大威胁，因此，现代物流的发展必须优先考虑在物流过程中减少环境污染，提高人类生存和发展的环境质量。另外，现代企业的环境行为已日益成为社会各界关注的焦点，传统的企业四维竞争模式——Q（质量）、C（成本）、T（时效）、S（策略）正在被五维竞争模式——Q

（质量）、C（成本）、T（时效）、S（策略）、E（环境）所取代。正是这种竞争，使得企业从产品概念设计阶段开始就要考虑产品全生命周期的各个环节，包括原材料的供应、产品设计、研制、生产、供货、使用，直到废弃后拆卸回收或处理处置等物流的各个阶段，以确保企业物流具有良好的环境友好性能（李益强、李华、徐国华，2001）。

由于我国的物流业起步较晚，逆向物流的服务水平和学术研究均处于起步阶段，无论在观念意识、政策指导还是在技术发展上都与发达国家有很大差距，政府和企业缺乏必要的理论指导，难以找到有效的解决方案。虽然我们也引进了许多先进的管理方法与理念，但是由于体制结构、经济水平和文化背景的差别，我国企业的经营环境与国外有许多不同，国外先进的逆向物流管理方法和手段并不完全适于我国的具体情况，直接照搬别人的经验无法满足我们的现实要求，而且由于逆向物流的逆向性、不确定性、信息传递的失真性等，导致其运作机理极其复杂，因此，我们在学习先进的现代物流管理理论、推进逆向物流发展的同时，必须对国内外的逆向物流管理理论进行学习、改进、吸收，结合我国具体经济情况和企业特征，系统研究逆向物流运作模式，探索更加科学合理的决策方法，帮助企业解决逆向物流模式的选择问题。这也是进入逆向物流市场，与国际逆向物流业务竞争所面临的首要困难。对于多数中小企业来说，选择逆向物流业务外包，是解决其生产者责任延伸的好办法，然而，如何合理选择提供逆向物流服务的供应商，以及合作契约的订立、决策权力的调配以及利润的分配等问题却非常棘手。基于此，在当今我国对生产者责任约束日趋完善的环境下，对上述问题进行研究具有深刻意义。

1.2 国内外相关领域研究进展

1.2.1 逆向物流的概念、特点及价值

（1）逆向物流的概念

对逆向物流的出现，要追溯到军事领域，Simpson 和 Weiner 在 1898

年援引的一篇文章中提到：物流是在战时作为控制军队的战略，包括驻扎和转移部队等内容。自那时起，军事理论领域将物流定义为包括军事需求、战略供给、运输配送等各种行为的活动。随着物流的发展，许多专家和组织都给出了逆向物流的定义。

对逆向物流较早的一个描述是由 Lambert 和 Stock 在 1981 年提出的，他们将逆向物流描述为在单行道上走错了方向，这里的单行道是针对正向物流渠道而言的。1986 年 Murphy 提出的定义也基本上沿用了 Lambert 和 Stock 二人的说法。

1989 年 Murphy 和 Poist 提出了逆向分销的概念，他们指出逆向分销是商品在分销渠道中从顾客到生产商的移动。随后，逆向分销这一术语被很多学者引用（Barr 等，1993；Carter & Elkam，1998；Jayaraman 等，2003）。Murphy 的定义已经关注了产品流动的方向，将所有满足该流动方向的产品都归入了逆向分销的范畴，只是该定义中没有对分销渠道进行具体的界定（Murphy 等，1989）。20 世纪 80 年代，逆向物流的范围也仅限于货物从消费者到生产者的流动，与正向物流相反。

90 年代以来，随着市场竞争的加剧和政府环保立法的加强，对逆向物流的定义开始涉及减少环境对供应链的影响方面。

Stock 在 1992 年给美国物流管理协会（CLM）的一份研究报告中指出：逆向物流是一种包含了产品退回、物料替代、物品再利用、废弃处理、再处理、维修与再制造等流程的物流活动。逆向物流这一术语通常用于对废弃物料循环利用和有害物质的管理中，广义上看，逆向物流所扮演的角色包含废弃物源头减量、循环利用、材料替换、物质的再使用及废弃物处置中开展的与物流活动相关的所有方面（Stock，1992）。1993 年，Kopicki 指出，逆向物流是用来描述从包装到产品等各种有害或无害废弃物的物流管理和处置的一个广义的术语，它包括引起商品和信息沿正常物流活动相反方向流动的逆向分销（Kopichi 等，1993）。1995 年，Giuntini 和 Andel 将逆向物流定义为：一个组织对从消费者处获得的物料资源的管理。该定义主要强调了物料的来源，只要是处理从消费者处获得的物料的活动都被看做是逆向物流活动。

同年，Thierry 等人提出了一个产品恢复管理（Product Recovery

Management，PRM ）的概念，产品恢复管理的目的是以合理的方法尽可能获得回返产品的经济（和生态）价值，以减少最终的废品量。根据这一定义，产品和物料不仅可以直接返回给原制造商，也可以返回给相关的商业链中的其他企业。作者区别了三种不同的活动：服务、产品恢复和废物管理活动。作者指出，回返产品和物料可以直接进行再销售、恢复或者处置，根据分解所需要的程度，仅从恢复的角度可以分为五种不同的方式：修理、刷新、再造、拆用和再循环。图 1－1 为产品恢复示意图（张弦、季建华，2004）。

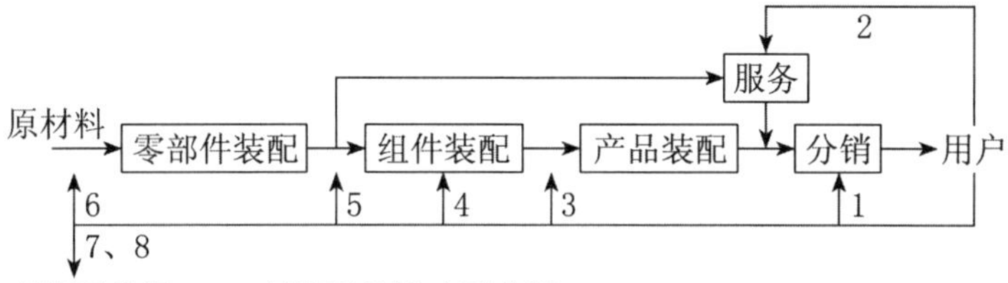

直接再使用：1. 直接再使用 / 再分销
产品恢复管理：2. 修理；3. 刷新；4. 再造；5. 拆用；6. 再循环
废物管理：7. 焚化；8. 掩埋

逆向物流 ←
正向物流 →

图 1－1　产品恢复管理示意图

1998 年 Stock 把逆向物流定义为：物流在产品收回、产品循环使用、物料替代、物料循环使用、废物处理和修理、整修和再制造中的作用。这个定义类似于 Stock 和 Kopicki 等分别在 1992 年和 1993 年给出的定义。但 Stock 强调了对废物的处置，提到了原料的减少（Stock，1998）。

同年，Carter 和 Eliram 也指出，逆向物流是一个过程，而企业可以通过对再循环、再使用以及减少物料使用的数量来使企业可以有效率地达成环境保护的过程。从狭义上来看，可以认为是通过配销的网络系统将所销售的产品进行回收的过程。更全面的逆向物流的观点包括通过在前向系统中减少物料的使用以达到回流的物料减少、物料的再使用成为可能以及再循环更加方便的目的（Carter 等，1998）。Rogers 和 Tibben-Lembke 认为，逆向物流是以重新获得价值或有效处理各种废品为目的，无论是在运营上还是成本上高效地规划、实施和控制从消费者到原生产商的原材料、中间库存、最终产品和相关信息流动的过程。在该定义中，作者没有区别产品的种类，无论是新的还是使用过的。对原料的减少，作者认为是属于绿色物流的范畴而非逆向物流，尽管他们也承认两者之间的界限不是很清晰，而二手市场、折扣店等属于逆向物流的范围（Ronald 等，1998）。

美国学者 Dale S. Rogers 和 Ronald Tibben-Lembke 根据物流管理理事会对于传统正向物流定义的界定，在 1999 年提出了一个较为确切的逆向物流定义，即逆向物流是“对高效且高成本效率的从消费点到起源点的物料、再制品库存、成品和相关信息的流动进行设计、实施和控制的过程，以达到重新获取利润或恰当处理的目的”。

2000 年，Dowlatshahi 定义逆向物流是：“制造商为再循环、再造或合理处置而从消费处接收产品和部件的系统化的过程。”尽管 Dowlatshahi 没有将二手市场归入逆向物流的范畴，但他将废物处置归入了逆向物流的范围（Dowlatshahi，2000）。

Fleischmann 综合之前几位学者对逆向物流的定义，归纳出逆向物流的几个特征，即“为恢复价值或合理处置的目的，对与传统供应链方向相反的二手产品的储存和相关信息流的高效率和高效益地计划、实施和控制的过程”。在他的观点中，市政废物收集不是和传统供应链方向相反的物流，因此不属于逆向物流的范畴（Fleischmann，2000）。

2001 年，Hillegersberg 等提出，回返物流（产品流）之所以称为逆向物流，目的是有效地执行产品的恢复。回返产品流是指，由消费者使用过的和在前向供应链中荒废了的、结束了生命周期的产品。该定义涉及了产品的生命周期理论（Hillegersberg，2001）。

逆向物流执行委员会对逆向物流的定义是：逆向物流是为了重新获得价值或合理处置产品的目的，将物品从它们的终点向其他点移动的过程。

美国物流管理协会（Council of Logistics Management，CLM）对逆向物流的定义为：与传统供应链方向相反，为恢复价值或合理处置，而对原材料、中间库存、最终产品及相关信息，从消费地到起始点的实际流动所进行的有效计划、管理和控制过程。并且，该协会在其公布的

《供应链全景——物流词条术语2003年9月升级版》中，对逆向物流给出如下解释：由于修理和信誉问题，对售出及发送到顾客手中的产品和资源的回流运动实施专业化的物流管理。我们可以作如下理解：逆向物流就是对由最终消费端到最初的供应源之间的在制品、库存、制成品以及相应的信息流、资金流所进行的一系列计划、执行和控制等活动及过程，目标是对产品进行适当的处理或者恢复一部分价值。欧洲逆向物流管理协会的RevLog认为，逆向物流是一个概括性的词语，从广义上来说，逆向物流代表了与产品和材料重新使用相关的所有活动，对于这些活动的管理可以统称为产品回收管理（PRM）。PRM着眼于在产品或材料消耗之后仍进行适当管理。逆向物流是指为了保证可持续的（环保的）产品回收而产生的所有物流活动，包括对已用品、部件和/或材料进行收集、拆卸、加工。

逆向物流可以简单地概括为：组织对来源于客户手中的物资的管理(Giuntini and Andel，1995)。逆向物流包含来自于客户手中的物资、包装品和产品。更简单的概括是，逆向物流就是从客户手中回收用过的、过时的或者损坏的产品和包装开始，直至最终处理环节的过程。不过，现在越来越被普遍接受的观点是：逆向物流是在整个产品生命周期中对产品和物资的完整的、有效的和高效的利用过程的协调。

我国于2001年颁布了《中华人民共和国国家标准——物流术语》(以下简称《标准》)。在《标准》中，也对逆向物流作了简单的界定(刘志学，2001)。《标准》将逆向物流分为回收物流和废弃物物流两个部分，并分别定义如下：

回收物流（Returned Logistics)：不合格物品的返修、退货以及周转使用的包装容器从需方返回到供方所形成的物品实体流动。

废弃物物流（Waste Material Logistics)：将经济活动中失去原有使用价值的物品，根据实际需要进行收集、分类、加工、包装、搬运、储存等，并分送到专门处理场所时所形成的物品实体流动。

上述定义虽然表述有所不同，但是关于逆向物流的内涵是基本相同的，其内涵可以从逆向物流的作用对象、流动目的和活动构成等方面来说明：从流动对象看，逆向物流是无用产品、包装运输容器及相关信息从其正向目的地沿供应链渠道的反向流动过程；从流动的目的看，逆向物流是为了重新实现废弃产品或缺陷产品的再增值而对其进行的正确处置；从物流活动构成看，为实现逆向物流的目的，逆向物流应该包括对产品或包装物的回收、修复、再加工、再制造及垃圾填埋等形式（王长琼，2003）。

综上所述，目前大家比较认可的逆向物流定义是：逆向物流是与传统供应链物流流向相反，为恢复价值或合理处置，而对原材料、中间库存、最终产品及相关信息，从消费地到起始点的实际流动所进行的有效计划、管理和控制过程。逆向物流的表现是多样化的，从使用过的包装到经处理过的电脑设备，从未售商品的退货到机械零件的回收等，都可以归入逆向物流的范畴。逆向物流包括退货和回收两部分。逆向物流中的退货是指下游顾客将不符合订单要求的产品退回给上游供应商，退货来源有制造业退回、商业退回、产品召回、保修退回、终端使用退回等；逆向物流中的回收是指将最终顾客所持有的废旧物品回收到供应链上的各个节点，逆向物流的回收方式有再使用、再制造、再循环、销毁处理等。基于对绿色物流和逆向物流理论的理解，本研究中的逆向物流主要围绕以降低环境污染、减少资源消耗为目标的绿色逆向物流展开，旨在通过对与环境保护密切相关的企业逆向物流的决策方法研究，为企业更好地承担起生产者责任，树立良好的企业形象，并从中获得资源节约提供解决方案。

（2）逆向物流的特点

①单就退货逆向物流而言，可能是来自于顾客在市场中地位提升导致的无理由退货，也可能是零售商为了提高自己的声誉，维持顾客对自己的忠诚度，对顾客的退货不做任何节制所致，抑或是由于企业内部管理不善以及技术不完善造成的以下问题：产品质量不合格；虽然产品包装完好，却缺少内部配件；人工输入订单时出现产品或数量错误；在质量保证期或保修期内，产品出现故障需要退回并进行处理；产品缺陷；等等。还有可能是各种原因导致的供应链中生产及运输中的延迟，运送中破损、被盗，重复送货等所导致的退货。再加上废弃产品的回收，存在不同程度的损坏、报废和再利用，就使得逆向物流中的物品差异巨大。

②逆向物流产生的时间、地点和数量难以预测。退货商品、回收利用产品具有很大的随机性，比如在发生地、发生时间、数量和物品种类等方面具有很多不确定因素：退回产品数量具有不确定性；商业退货可能来自消费者、零售商、批发商、承运商。尤其是消费者手中退回的产品数量，是由产品质量、寿命、使用时间和使用环境等多种因素决定的。

③逆向物流物品回流地点分散、无序，处置方式、流动环节复杂多样，导致物流费用难以统一。逆向物流产品存在的质量问题，损坏程度差异很大，需要在回收之后进行检测方能确定问题所在。根据物品的具体情况还需要确定是再使用、再制造、再循环还是采取回收、掩埋、焚烧的方式。经过不同的处置环节，处置费用也大相径庭。

④逆向物流的管理与协调更加困难、复杂。在正向物流管理中，决定成本的因素比较稳定，然而在逆向物流中退货回收和再处理成本具有很大的不确定性，逆向物流系统中返回产品的运输成本、存储成本和再加工成本都会随退回产品的不同而不同。产品的加工工序、处理时间、需要的配件和原料数量等都不确定。这就使得逆向物流的管理具有很大挑战性。

（3）逆向物流的价值

逆向物流管理与正向物流管理（产品由企业到消费者的物流过程），一向是物流的孪生姐妹，只有包含逆向物流的供应链体系才能算是一个完备的供应链体系。作为绿色物流的重要组成部分，逆向物流融入了循环经济与可持续发展的理念，它能够充分利用现有资源，减少对原材料的需求，节约生产成本，降低环境污染，减少资源消耗，提高经济效益。逆向物流管理的实质是在维护地球环境和可持续发展的基础上，在抑制传统直线型的物流对环境造成危害的同时，采取与环境和谐相处的态度和全新理念，去设计和建立一个环境共生型的、能促进经济和消费生活健康发展的物流管理系统。

随着环保意识的日益增强，逆向物流的价值不断凸显。

① 减少原材料使用量，降低消耗成本，增加企业效益。减少物料耗费，提高物料利用率是企业成本管理的重点。随着社会经济的快速发展，资源短缺日益严重，资源的供求矛盾更加突出，传统管理模式的物料管理已经造成了大量可再用性资源的闲置和浪费。在这种情况下，作

为企业管理战略的重要组成部分，逆向物流的经济价值逐步显现。由于废旧产品的回购价格低、来源充足，对这些产品回购加工可以大幅降低企业的物料成本。据悉，将经过清洗、消毒后的啤酒瓶再次投入使用，比生产新瓶可降低成本 20% ~40%。此外，退换货一直是困扰大多数企业的管理难题。退换货管理做得不好，必然会导致运营成本上升，客户满意度下降，甚至失去客户。如果企业没有规范和有效率的逆向物流体系，退换货的代价是相当高的。

② 提升顾客价值，增强企业竞争优势。在当今顾客驱动的经济环境下，顾客价值是决定企业生存和发展的关键因素，客户服务已经成为企业的重要课题之一，逆向物流管理好了，能使顾客更加忠诚。众多企业正是通过逆向物流来提高顾客对产品或服务的满意度，赢得顾客的信任，从而增加其竞争优势。另一方面，对于供应链上的企业客户来说，上游企业采取宽松的退货策略，能够减少下游客户的经营风险，改善供需关系，促进企业间的战略合作，强化整个供应链的竞争优势。

③ 改善人类生存环境，塑造良好的企业形象。随着生活水平和文化素质的提高，人们的消费观念发生了巨大变化，环保意识也在日益增强。同时，由于不可再生资源的稀缺以及环境污染日益加重，各国都制定了许多环境保护法规，为企业的环境行为规定了约束性标准。随着保护法规约束力度的加大，企业可通过实施逆向物流管理，有效减少废弃物的排放量，为改善人类环境承担更多的社会责任，从而提高企业的自身形象。

④ 提高潜在事故的透明度，促使企业质量管理体系的不断完善。ISO 9001 的 2000 版将企业的质量管理活动概括为一个闭环的 PDCA 活动（计划、实施、检查、改进）。逆向物流的活动恰好处在检查和改进这两个环节上，对此，ISO 9001 的要求是对不合格品进行控制，采取有效的纠正措施，持续改进，同时制定预防措施防止不合格品的再次发生。从本次的改进到下一次的计划和研发，逆向物流是承上启下、作用于两端的。退货中产生的产品质量和服务质量问题通过逆向物流信息系统，不断地传递到企业的管理当局，可增加企业潜在事故的透明度，将有力地推动组织不断改进质量管理体系，系统地根除隐患。

对逆向物流的有效管理，不仅能保护环境、为企业带来明显的经济效益，而且还能强化企业的竞争优势，提高供应链的整体绩效。此外，逆向物流的作用还表现在洁净渠道、合法处置问题、重新捕获价值和回收资产等方面，对于企业长期利益目标而言，它的战略贡献是多维的（De Brito，2002）。

逆向物流的潜在市场价值是庞大的。据统计，美国逆向物流1996年的市场价值是47亿美元，2000年为77亿美元，1996年全球除美国之外的逆向物流市场价值约153亿美元，2000年约为224亿美元。表1-1显示了全球逆向物流市场价值的变化情况。

表1-1　全球逆向物流市场价值　金融单位：百万美元

市场结构＼年限	1994	1995	1996	1997	1998	1999	2000	增长率
高新技术、高附加值产品	1 496	1 621.6	1 757.9	1 905.5	2 065.6	2 239.1	2 427.2	7.2%
绿色产品	259.7	270.1	280.9	292.1	303.8	316.9	326.8	3.4%
包装和托盘回收利用	346	383.4	424.8	470.7	521.8	577.8	640.2	9.2%
终端消费者维修品	1 681.5	1 849.7	2 034.6	2 238.1	2 462	2 708.1	2 978.9	8.5%
普通废弃物	4 130.4	4 460.8	4 817.7	5 230.1	5 619.4	6 068.9	6 554.4	6.8%
特殊废弃物	3 256.4	3 696.1	4 195	4 761.4	5 404.1	6 137.1	6 961.7	11.4%
有毒品	1 470.9	1 603.3	1 747.6	1 904.9	2 076.4	2 263.2	2 466.9	7.7%
总计	12 640.9	13 885	15 258.5	16 802.8	18 453.1	20 311.1	22 356.1	8.5%

1.2.2 国内外逆向物流研究进展

（1）关于逆向物流的理论基础研究

关于逆向物流的第一部专著出自Stock（1992），作者基于对美国的工业组织及政府进行的访谈，从废物减量角度介绍了逆向物流，认为起初公司对待逆向物流的态度是被动的、反应型的，提出了逆向物流领域与商业、社会的相关性。

1993年，Kopichi等学者对逆向物流的实际操作和规则进行了研究，提出了再利用和再循环的观点。

Thierry在1995年，将产品回收处理方法划分为三种类型：直接再使用、产品回收管理（修理、翻新、再制造、拆装、循环利用）和废弃物管理（焚烧、填埋）。作者根据拆卸的水平以及最终产品的质量要求对产品回收方法进行了定性描述。作者对产品回收处理方法的分类非常全面，成为通行的分类标准。

Stock 对逆向物流管理控制、财务及考评进行了较多研究，并指出了如何设置和实施逆向物流计划。同年，Carter 和 Ellram 给出了逆向物流的驱动与限制因素，认为政府、供应商、买家和竞争对手对逆向物流管理具有直接影响。另外，Rogers 和 Tibben-Lembke 在广泛收集有关逆向物流的商业操作案例的基础上，深入研究了如何减少产品的回收成本。特别是两位研究者在美国进行了长期、大范围的问卷调查，对前人的理论与实践工作加以总结，并展望了未来的发展趋势，将更多的关注引入了这一物流新领域（Rogers，1998）。

Gungor 和 Gupta（1999）对 300 多篇与回收利用有关的文献进行了总结，并提出基于环境友好的方式设计产品，有利于回收利用管理。

2000 年之后，有关逆向物流的研究的文章骤然增多，如 Klausner 和 Hendrickson（2000），Realff 和 Ammons（2000），Uwe Hansen（2000），Inderfurth（2001）等人从逆向物流的定义、内涵、环境管理作用、实施实践等方面做了很多相关的研究。

Dowlatshaht（2000）指出了成功实施逆向物流的主要因素，认为逆向物流的战略因素包括战略成本、整体质量、客户服务、环境利益、立法利益等，还提出了逆向物流的若干关键操作要素。

De Brito（2002，2003）把逆向物流的框架划分为四个部分：为什么？是什么？怎么样？谁参与？依据这四个基本特性可以将大量的产品回收问题统一在逆向物流的整体框架之内。此外，他还对供应链的决策问题和理论原则进行了归纳。

在国内，较早进行逆向物流研究的是向盛斌（2001）等人。他在简单讨论逆向物流概念的基础上，分析了逆向物流与环境保护之间的关系以及逆向物流的构建原则，并结合逆向物流的成本，讨论了企业构建逆向物流系统的可能性，提出了应从环境保护的角度出发建立和发展逆向物流。他认为政府管制对企业建立逆向物流具有决定性的作用。

冯坤（2002）对我国电子产品回收企业的现状及未来发展进行了分析。朱道立（2003）等人在对逆向物流系统功能分类的基础上，把逆向物流系统分成简单逆向物流系统和带有回收中心的复杂逆向物流系统两类，并做了分析。此外，还讨论了关于回收中心、回收物品导向以及网络结构设计的系统技术。同年，张新颖、郑明（2003）在《回收物流》一书中介绍了回收物流及废弃物物流的概念及特点，对废旧物资产生的原因、回收、利用、处理技术进行了研究，是国内研究逆向物流的第一部专著。

张弦、季建华（2004）论述了环境影响评价在逆向物流中的应用，包括讨论逆向物流的环保意义，以及控制逆向物流系统的环境绩效。同年，达庆利（2004）等从研究的问题和方法两个方面较为全面地总结了逆向物流系统结构的研究成果，重点讨论了逆向物流系统的结构特征、设计原则及设施的选址定位问题，并指出了进一步的研究方向。储洪胜（2004）阐述了逆向物流及再制造技术的研究现状和发展趋势。向永华和姚巨坤（2004）阐述了再制造工程中逆向物流体系的内涵及特点，指出了完善的逆向物流体系是实施再制造工程的生命线，分析了再制造工程中逆向物流的主要环节。

2005 年，贾小玫、冉净斐运用博弈论的方法，分析了无制度安排的再生物流和废弃物流的博弈模型，以及制度安排的再生物流和废弃物流的博弈模型，并且总结出制度安排下的一般的逆向物流的博弈模型。

（2）关于逆向物流系统的研究

对逆向物流系统的研究是逆向物流管理中的重要部分，主要包括逆向物流网络构建、库存管理、逆向物流数学模型、逆向物流管理模式。以下分别对近年来的代表性文献进行介绍。

①逆向物流网络构建

1995 年，Thierry 等以案例分析的方式，提供了一个集生产、配送、收集、存储和维修于一体的复印机回收物流网络。该网络被分为三个层次，即生产、库存和市场。作者们讨论了产品回收管理（PRM）的相关战略问题，认为：产品的组成成分，回收渠道的大小及不确定性，产品、元件和材料的市场信息，以及实际产品回收和废弃物管理运作的信息等诸因素在进行战略决策时必须透彻了解，在决策时仍应以收益最大和成本最小为目标。但是，作者们并未指出，在正向物流与回收物流共用同一设施时，可能会在某些环节发生冲突。这是其不足之处。

Berge 和 Debaillie（1997）研究了一个将已有的生产-分销网络扩展

成拆卸、检测处理中心的网络结构，建立了一个 MILP 模型来确定最优的设备安装地点和处理能力。

Hirsch（1998）等对再循环逆向物流网络进行了模拟。1997 年，Marin 和 Pelegrin 从纯数学的角度，系统地阐述和分析了回收工厂选址问题（RPLP），以供应和回收总成本最小化为目标，采用 MILP 分析了一个包含配送和产品回收的综合物流网络，建立了工厂选址模型，得以确定从各工厂运送到消费者手中的产品数量，以及使用后产品从消费者回收到各工厂的数量。并且，作者们利用基于拉格朗日分解的启发式和精确算法求解了该模型。

Jayaraman（2003）研究分析了美国电子设备再制造公司的物流网络结构，通过建立一个确定仓储容量和位置的 MILP 模型，来确定网络结构中最优的机构设置数量和设置地点。

Krikke（2005）提出了一个耐用消费品（如复印机等）的多层次逆向物流网络设计的 MILP 模型，该模型应用在一家名为 OCE 的荷兰复印机制造商的案例中。研究的重点是某些类型的复印机的再造过程。其回收处理过程主要由三个部分组成：第一部分，拆卸——对返回的产品在一定水平级别上进行拆卸；第二部分，准备——检查关键部件，必要时进行替换；第三部分，重新装配——返回的复印机由于修理和配备新的部件，实际上已经重新制造为新的复印机。当供应流程和拆卸确定后，在准备和重新配备的过程中就必须对设施定位和商品流进行优化，模型中选择了两个点，模型的最优解是最小化运营成本，对三个预选的经营方案进行对比后获得了最优方案。

2000 年，Fleischmann 等人又在对回返品的逆向物流网络进行详细分类的基础上，就由原件组装商和独立制造商构建的网络做了进一步的区分。之后，同样是 Fleischmann（2001）等在构建了闭环物流网络的基础上，分析了产品的回收对该物流网络产生的影响。Beullens（2001）利用运筹学工具对逆向物流中的设施选址、加工规划、车辆路径问题进行了全面研究，并对每一部分都给出了实例。Vaidyanathan（2003）等阐述了回收逆向物流网络设计模式及解决方法。

2005 年，Listes 和 Dekker 以不确定性因素对网络设计的影响的新观点重新研究了 Barros（1998）的问题，采用随机整数规划的方法对逆向物流网络设计中的不确定性因素进行了考察，提出了一个多阶段随机规划模型。这可以说是近年来逆向物流网络设计研究方面的一大突破。

国内关于逆向物流网络进行的研究也很多。2003 年，米宁对逆向物流的研究现状、概念、操作等进行了介绍，分别建立了两个回收网络模型——一个是以现有的正向物流系统为基础构建的产品回收网络模型，另一个是把正向物流与逆向物流进行整合优化来构建的网络模型，并采用混合整数规划以及非线性规划进行了求解。

2004 年，姚卫新对闭环供应链的设计原则进行了评述，强调在设计中需要应对不确定因素，要求物流网络设计与回收方法相匹配。同年，肖文（2004）阐述了产品回收再利用物流网络的特征及分类，并将其与传统物流网络进行了比较。

马祖军、张殿业等（2004）对再制造物流网络布局进行了分析，阐述了逆向物流的概念及重要性，分析了逆向物流系统功能，逆向物流网络类型与结构，提出了一种使得再制造物流设施的投资、运营成本以及设施间的运输成本之和最小的再制造物流网络优化模型。魏洁（2005）在对目前我国电子废物回收现状进行分析的基础上，设计并建立了电子废物回收的逆向物流网络模型。

②库存问题

库存控制问题是逆向物流研究中的重点，按照模型是否考虑需求和回收数量的随机性分为确定型模型和随机型模型两大类。

最早的模型出自 Schrady（1967），他假定需求率、回收率、固定提前期都是常数，得到的结果与 EOQ 模型类似。

1978 年，Simpson 第一次在回收产品中，明确提出将可以直接投入使用的存货和需要处理后才能使用的回收品库存区别开，考虑了无固定成本与提前期的订单、产品回收与弃置优化参数，求得订货、回收和销毁处理三者之间的最优关系，以及额外订货成本与可再次使用的回收品库存的平衡，以得到最小库存成本。

Mabini（1992）扩展了 Schrady 的模型，建立了多项目库存系统。Richter（1996）将经典的库存管理方法——经济订购批量（EOQ）引入到回收物流。其思路是，在未来各个时间点的需求和已使用过的旧产品返回数量都已知的这一假设之下，求得固定订购成本和可变存货持有成本间的最优平衡。他用来表示最佳新产品订货和旧产品接收批量的模型与经典的 EOQ 模型类似。Guide 和 Srivastava（1997）发现目前的回收物流库存研究主要是借鉴传统库存论中的建模方法和求解思路，来建立回收物流库存模型。Van der Laan（1999）等人对二级库存模型进行了详尽分析，对其中的几种启发式算法提供了 Markov 公式并对其绩效进行了比较，文章还对回收渠道的推拉策略进行了对比。

2002 年，Kiesmuller 和 Van der laan 建立了一个产品回收依赖与需求过程的周期性检查库存模型。模型中需求与回收流都服从泊松分布。作者的结论是，需求与回收之间的信息存在依赖性，而了解这一信息结构是非常有必要的。同年，Teunter（2002）扩展了 Schrady 的结果，对制造与产品回收部分采用不同的持有成本，并且考虑了弃置，得出了制造批量与产品回收批量的 EOQ 公式。Fleischmann M 等人（2002b）建立了需求与回收服从独立泊松分布的制造再制造混合库存模型（HMRI），获得了最优控制策略以及优化控制参数。

2003 年，黄祖庆、达庆利探讨了回收物品可直接再利用的库存控制策略模型。在需求与退货均服从泊松分布的前提下，提出了一个最优订货模型和求解算法。研究结果表明，退货率对销售商的订货数量以及期望收益有明显影响，销售商应采取有效措施尽量降低退货率。同年，储洪胜等（2003）建立了一个两级最优回收品库存策略模型——一个回收源，一个订货补充点，包括固定单位订货成本、固定维修成本、库存成本和缺货成本的逆向物流库存模型；在不考虑提前期的情况下，得出了两级最优库存策略的求法；分析了有限多周期的库存策略；给出了无限周期的近似策略；解决了双补充源、随机型回收物流的控制问题。

2004 年，包鹏程研究了企业在执行逆向物流战略下的库存控制，解决了单周期库存解、两周期和多周期库存解的问题。

③逆向物流数学模型

逆向物流数学模型主要包括运输、选址问题，再制造物料需求计划等定量模型。

Peirce 和 Davidson 早在 1982 年就利用线性模型解决在中转站、处理中心和长期储存点之间的运输路线的优化问题，他们的研究局限之处在于，在处理设施和具体的处理技术都给定的条件下来鉴别最优分销路径。

Jennings 和 Schol（1984）对处理多种废物的运输问题进行了研究，通过建立地区有害废物管理系统，来实现成本最小化或风险最小化的目标。Zografos 和 Samara（1990）的研究则仅处理单一类型的废物问题，但其目标包括最小化运输风险、运输时间和处置风险，但是不包括运输路径问题。Koo 等（1993）提出了关于废物储存和处理设施位置的研究。Stowers 和 Palekar（1991）也对此问题作过类似研究。Johnson 和 Wang（1995）建立了对于特定产品的优化拆装顺序的决策模型，作者对于这种思路的技术限制进行了网络流分析。Kroon 和 Vrijens（1995）通过建立数量模型的方式优化设计了可回收集装箱的逆向物流系统。

1996 年，Bloemhof－Ruwaard 等（1996），Marin、Pelegrin（1998）以及 Realff 等（2000）讨论了带能力约束的多层选址问题，并给出了相应的 MILP 选址模型和松弛算法。Fleischmann 等（1997）从配送计划、库存控制、产品生产方面对逆向物流的数量模型进行了系统的回顾和评述，指出了其与正向物流网络系统的不同。Spengler（1997）定位于工业副产品的利用，在传统的多层次有能力限制的仓库选址模型的基础上，根据特殊问题的结构，添加了设备最大处理能力有限约束条件，建立了运输成本分段线性函数，得到了一个多级选址定位模型，该模型在德国钢铁行业中得到了应用。

1999 年，Krikke 等详细介绍了一个最优的拆解和分配模型，并将之运用于计算机监视器的回收中，从而可以实现循环成本减少 25%、总成本减少 40% 的目标。Veerakamolmal（1999）对电子工业的拆卸与再制造设计进行了研究，研究了影响拆装设计指数的四个因素，利用整数规划法对拆装设计指数进行了寻优，作者认为这些问题都可以在逆向物流管理中得到优化和解决。

2000 年，Masui 等建立了一个包含废弃物产生、减量、循环利用和最终处置的多部门动态微观经济模型，通过模拟发现，在未来废弃物最终处置空间并不十分缺乏的情形下，焚烧工艺可用于减量，但在像日本这些最终处置空间受限的国家，循环利用工艺将会成为首选方法。他们在传统的经济模型框架下增加了一个附加的废弃物管理模块。Fleischmann（2001）研究了再制造对物料需求计划（MRP）的影响，认为为了运用 MRP 来处理再制造问题，须加入反向产品结构表（Bill of Material，BOM）。Ovidiu 和 Rommert（2005）在构建新泽西州废物处理选址网络的基础上，采用动态规划方法获得了最优解。

在国内的模型研究中，代表人物是夏守长、奚立峰、姚卫新、谢家平和陈荣秋等。2002 年，夏守长和奚立峰（2002）分析了再制造的特点，从再制造物流网络的布局、生产计划和库存三个方面概括了最新的研究成果和方法，并就再制造的进一步发展作了简要分析。

姚卫新（2003）提出了一个再制造的产品回收竞争模型，得出的结论是 OEM 会尽量增加对手的成本从而增加对方进行产品回收的困难。双方如果合作可以使竞争双方利润都得到提高。赵星卿等（2003）主要探讨了再制造的基本步骤以及与传统制造之间的区别，并在综合分析国外案例和调查数据的基础上，归纳了再制造的六个特点，讨论了未来的研究趋势。

谢家平和陈荣秋（2003）在分析产品回收处理逆向物流的基础上，运用基于作业的成本分析法，分别建立了产品回收中的成本-收益模型、拆卸度量模型、0-1 目标规划模型和财务模型。谢家平和陈荣秋（2003）在分析产品回收处理逆向物流链的基础上，借助于拆卸树考虑产品分拆程度，运用基于作业的成本分析法，建立了产品回收策略优选的 0-1 型目标规划模型，并以 PC 机的回收处理为例，进行了实际应用研究。

储洪胜和宋士吉（2004）分析了反向物流和再制造系统三个主要的子问题——产品回收网络设计问题、反向物流库存问题、再制造生产和调度问题，描述了现有的基本模型、关键技术方法，并分析了其优缺点，概括了相关研究问题的最新进展。

④逆向物流管理模式

为了便于比较，本书作者对部分主要文献进行了归纳并绘制了表格，见表 1-2。从表中可以清晰地看出，姚卫新将逆向物流的回收模式分为三种，即第三方负责回收、零售商负责回收、生产商负责回收；糜仲春、丙缅云提出了通过基金管理机构进行协调的废旧家电回收的反向物流系统模型；温素彬、薛恒新提出了执行 EPR 制度可采用专用、共用两种不同的回收体系，构建了基本的回收体系结构模型；曾强银等加入了生产者直销产品并负责回收的模式。

表 1-2 **逆向物流管理模式文献**

时间	作者	内容概要
1998	Carsten	提倡采用欧洲模式通过逆向物流回收 IT 产品
2004	姚卫新	从逆向物流的回收模式着眼，将逆向物流的回收模式分为三种，即第三方负责回收、零售商负责回收、生产商负责回收，以再制造为研究对象，对这三种不同的模式进行了分析比较，得出了一些具有初步指导意义的结论
2002	黄灿	在构建包装物的回收体系时，认为可以采用自己投资建立废弃物的回收处理系统或参加回收一体化组织的形式
2003	糜仲春、丙缅云	提出了一种通过基金管理机构进行协调的废旧家电回收的反向物流系统模型
2004	钱勇	根据柯达、施乐、德国的双元（Duales System Deutschland，DSD）系统等实践中的具体实例介绍，将其纳入专用、共用两种回收体系来进行分析
2004	孙柯、冯耕中	专门分析了储运包装的回收管理，提出企业自行回收、行业回收两种方式，但没有进行具体的论证
2005	马洁	在沿用孙柯分类形式的基础上，同样针对包装储用品，从成本-收益的角度分析了两种不同方式的优劣，为企业回收方式的选择决策提供了借鉴
2005	温素彬、薛恒新	在分析面向可持续发展的生产者责任延伸制度时，提出了执行 EPR 制度可采用专用、共用两种不同的回收体系，并构建了基本的回收体系结构模型
2005	曾强银等	在姚卫新分析的基础上，改进加入了生产者直销产品并负责回收的（Manufacture Direct Selling and Take-back，MDST）模式，并证明了 MDST 模式为最优

(3) 关于逆向物流与现代供应链管理共同发展的研究

①供应链角度

Fleischmann M（1997）是较早主张从供应链角度研究逆向物流的学者。他对逆向物流的运筹学模型进行了总结，将其统一在逆向物流的框架之内，并且将逆向物流的定量模型划分为两个部分——逆向分销、逆向物流库存管理，再使用部件与材料的生产计划管理。他提出研究逆向物流应该站在供应链角度考虑经济、环境方面的影响，采取综合方法解决问题；主张采用定量方法解决逆向物流问题，为此后的研究拓宽了道路。但是，文章并没有对产品回收的原因进行分析。

Corbett 和 Karmarkar（2001）对确定性需求下供应链的合作竞争情况进行了分析和研究。Fleischmann B 和 Meyr（2003）认为由于全球化、信息技术的发展以及环境意识的加强，供应链管理体系将向全球物流网络方向发展，把逆向物流纳入物流管理决策并实行闭合供应链管理是 21 世纪的新趋势。Guide 和 Van Wassenhove（2003）研究了产品回收处理方法及物流组织的契约关系，供应链中的物流、生产计划与库存控制，预测与信息技术，技术扩散和产品设计，并且对逆向物流整合进行闭环供应链管理进行了经济学原理及管理方略的探讨。闭合供应链其实强调了逆向物流不只是使供应链成为一个闭合的系统，更重要的是形成物质循环流动的系统。

2003 年，姚卫新对电子商务环境下的闭环供应链原子模型进行了构建和比较，认为在电子商务环境下，进入逆向供应链的商品比例很高，有必要将正向供应链和逆向供应链进行一体化整合，形成闭环供应链，并对其进行优化。此外，他在假设需求函数为简单线性的前提下，对再制造条件下逆向物流回收模式的选择进行了分析。弋志刚（2003）主张企业应该根据逆向物流管理的目标以及自身在供应链中的位置，结合逆向物流管理的关键因素设计出了逆向物流作业流程，并提出了四个供应链参与的作业流程模型。

②信息系统角度

1995 年，Kroon 和 Vrijens 研究了一个可重复利用容器的回收物流系统，该系统在荷兰一家物流服务公司中得到应用，其考虑的重点是空容器的运输、维护和存储。他们建立了一个能确定空包装容器（袋）仓库数量和设置地点的选址定位混合整数线性规划（MILP）模型，来分析容器的数量、收集点的数量和位置。Thierry 等（1995）认为回收物流的不确定性使其需要更强大的信息系统支持，为了降低不确定性、提高回收作业的效率，管理系统需要特殊的信息来进行预测。例如，回收物品在质量、数量和时间上的不确定性是由于缺乏信息和对回收过程缺乏控制，为了减少这一不确定性，可通过在产品中安放传感器和组织内部计划系统的数据处理来收集信息。为此要将以信息为核心的一系列先进制造技术综合应用，建立一个开放式、集成化的数据环境，进而实现企业内部有机集成以及不同地域或全球范围内企业的集成，达到及时、快速、准确地回收产品并获取其价值及捕捉产品使用信息的目的。

Toktay（2000）等讨论了跟踪（Tracking，确定产品在供应链上的位置）和追踪（Tracing，查找产品在供应链上的历史路径）的概念，通过跟踪和追踪，可以比较准确地预测使用过的旧产品的回收，从而更好地开展库存控制，而在“正向”物流信息系统中是不包括追踪信息的。Linton 和 Jonhson 认为在回收物流信息系统中，必须包含协调回收物流与“正向”物流工作的决策支持系统，以更好地安排、控制，更有效地利用有限的资源。

国内学者吴洪坚等（2001），钱晓江（2001），刘兴景等（2001），晏妮娜、黄小原（2008）在物流信息系统的构建、体系结构分析和实际应用研究上，作了比较完善的论述。

③合作伙伴选择角度

Pohlen 和 Farris（1992）认为，逆向物流的参与者依据自身职能与能力可以履行再制造与再循环的功能，从而在逆向渠道中担当不同的角色。后来的学者做了更多的研究工作，在研究中采用的数学方法一般是混合整数规划（MIP）、非线性连续规划、随机规划、启发式算法等。

Roodhooft 和 Konings（1996）提出了基于活动的成本分析方法（Activity Based Costing Approach，ABC），计算候选企业各项性能指标引起的成本，以便对其进行选择和评价。Talluri 和 Baker（1996）提出了动态联盟伙伴选择的两阶段模型，首先用 DEA（数据包络分析）辨识出“有效”业务过程，然后在此基础上利用 0-1 目标规划优选出伙伴组建动态联盟。Fuller 和 Allen（1997）对逆向渠道参与者的类型进行了研究，依据类型学方法将参与者类型划分为整合制造商、垃圾运输者、专业逆向交易经销处理商、前向批发零售商和临时/设备商五种类型。这为我们了解逆向物流的各种类型的参与者及其功能提供了参考。Meade、Liles 和 Sarkis（1997）利用层次分析法（Analytic Hierarchy Process，AHP）进行了动态联盟伙伴的选择和评判。

战德臣、叶丹、徐晓飞（1997）分析了战略联盟建立过程中的关键要素，给出了战略联盟的组建步骤，阐述了建立动态联盟所应遵循的原则和关键技术支持，指出构建战略联盟的关键在于选择合适的合作伙伴。

1999 年，田宇、朱道立应用博弈论描述了物流服务从公共物流演化到物流联盟的进程，揭示了物流联盟的形成机理。2000 年，两人又从交易费用的角度指出，物流联盟的建立是为了有效利用组织和市场双重优势。田宇（2000）提出可利用标杆学习（Bench Marking）的方法进行供应链物流企业的选择评判，主要通过供应链的流程识别，确定标杆学习的优先环节，从而得出合理的评价结果。

钱碧波、潘晓弘、程耀东（2000）提出了伙伴选择的三阶段结构化进程和伙伴选择的评价参考体系，给出了一种多目标决策数学模型，并基于 AHP 法对权重因子的取值进行确定，提出了采用标杆学习法对关键因素的决策值进行量化计算的方法。

冯蔚东、陈剑、赵纯均（2000）在指出分阶段优选法的不足后，提出了一种基于遗传算法的伙伴选择模型，该模型直观、简洁、清晰地描述了动态联盟中的伙伴选择问题：算法克服了局部最优解问题，具有全局搜索能力。

同时，陆续有学者对虚拟企业伙伴的选择进行了不同程度的研究：陆金伟、达庆利（2000）给出了选择虚拟企业伙伴的框架；陈菊红、汪应洛、孙林岩（2001）对虚拟企业伙伴选择过程及方法进行了深入研究。

史占中（2001）探讨了以组建战略联盟的方式来建立中间规制组

织，指出物流联盟是节约交易费用的制度安排，同时它又是市场化的组织和组织化的市场，可以避免“市场失灵”与“组织失灵”，具有市场与组织的双重优势，是一种组织创新。

戴勇（2002）提出以物流企业在各自核心能力基础上的价值链合作方式建立物流联盟，他通过分析基本物流作业活动的各个环节发现，由于受到自身资源和能力的限制，任何一个企业都不可能在价值链的所有环节上拥有优势，也不会在所有环节上处于劣势，这种在价值链某些环节上的缺陷，造成了企业整体物流功能的不完全，缺乏整体竞争优势，使某些有竞争优势的价值链环节也因整体功能的不足而无法发挥应有的功效，所以物流联盟应当是各物流企业在价值链上的互补性合作。戴勇（2002）在 AHP 的 DCA 分析基础上对虚拟物流企业联盟伙伴选择进行了研究。

柳键、马士华（2002）对供应链合作的动态过程及合作契约进行了研究。王鹏姬（2004）针对物流服务联盟本身稳定性较低的特点，提出了一个分析物流战略联盟稳定性的构架。他指出，由于逆向物流本身的特殊性及回收资产的专用性，在实际过程中会碰到多个相互间具有垂直传递关系的第三方逆向物流企业参与的情况，进而分析了如何确定不同利益主体间的契约合作关系及如何更好地维持整体结构的稳定性，来实现良好的回收。田厚平、郭亚军（2004）等就非合作竞争和合作竞争两种情况分析了由两个制造商和一个零售商组成的分销系统中的委托代理问题。柳键、马士华（2004）对单一制造商和多家供应商之间的契约合作关系进行了分析研究。

④第三方逆向物流角度

Dennis 等（2002）认为可以借鉴正向物流中第三方参与的方式，提出企业不妨将逆向物流回收运输等工作外包给第三方，论证了第三方参与逆向物流过程的可行性。

Spicer 和 Johnson（2004）根据不同的参与主体将逆向物流回收方式分为三种：原始生产者回收（Original Equipment Manufacturer Takeback，OEM Takeback）、联合回收（Pooled Takeback）和第三方回收（Third-Party Takeback），通过对这三种方式的定性比较分析，得出

了第三方回收是体现延伸责任的最好形式的结论。

柳键（2002）根据威廉姆森的交易费用理论，认为逆向物流具有资产专用性高、交易频率大、投资风险大、结构复杂、地点分散等特点，适合采用介于企业与市场之间的“中间规制”的方式，提出了第三方回收不失为企业实施逆向物流活动的良好选择这一观点。岳辉（2004）在第三方逆向物流网络体系的构建中也沿用了Spicer、Johnson的分类方式，提出了第三方逆向物流的概念，并指出可利用层次分析法选择第三方逆向物流企业。马跃（2005）指出，实施逆向物流的最佳选择是第三方逆向物流管理公司。

⑤电子商务角度

Kokkinali（2002）建立了一个电子商务的逆向物流模型，这是较早的对电子商务中的逆向物流进行系统研究的文献。他对电子商务中逆向物流发生的机理、存在形式，以及企业如何管理逆向物流进行了理论总结。

赵黎明、王迈、王刚（2002）在国内较早地研究了电子商务中的逆向物流问题。他们建立了一个支持逆向物流活动的电子商务模型，通过分析回收物流的各步骤后发现，目前回收物流中所面临的最大问题是缺乏快速、准确的信息，他们通过研究逆向物流与信息的密切关系，探讨了逆向物流在电子商务下的存在形式，指出建立和拥有先进技术的IT系统对回收物流的顺利实施是非常必要的，从而为逆向物流的研究提供了理论依据。

张敏和朱道立（2003）对退货管理的研究发展历程、重要性及其在特定行业中的应用作了介绍，并给出了退货管理政策设计和网络设计的主要内容，探讨了逆向物流在电子商务下的存在形式，为逆向物流的研究提供了理论依据。董岗和龙海影（2003）对电子商务环境下的逆向物流进行了分析，提出应对企业ERP系统进行拓展，增加逆向物流管理功能，加强ERP中生产管理和销售管理的功能，从而在整体上把握和解决电子商务企业所面临的大量退货问题。蒋惠园和王晚香（2003）、丁静和杜习英（2004）、冯晖（2004）的文献都对电子商务中逆向物流成因、发展与实施作了定性化的探讨。

(4) 国内外学者对逆向物流决策评价指标体系的研究

Meade和Sarkis在2002年建立了评价和选择第三方逆向物流供应商的概念模型，从产品生命周期阶段、组织绩效指标、组织在逆向物流过程中的功能、组织的逆向物流运作方式等方面进行了分析，考虑了选择第三方逆向物流供应商决策的影响因素。Sarkis在2003年提出了绿色供应链管理的战略决策框架，选取产品生命周期阶段、运作功能、环境友好的组织实践、组织绩效指标作为衡量现有系统和新系统并改进绿色供应链实践的决策依据。邓云霞（2004）从成本、环境、服务和柔性四个方面进行了分析，运用层次分析法作出决策。顾亚竹（2004）则在经济性、管理性和技术性三方面综合考虑，对逆向物流的决策模式进行分析，并运用层次分析法得出结论。Ravi等在2005年从客户、内部业务、创新和学习、财务维度来评价逆向物流的运作决策，并总结了三种计算机行业的逆向物流运作选择方式：第三方拆解、共生物流理念和虚拟逆向物流网络。Ravi V、Shankar Ravi、Tivari M K.（2005）分别从经济因素、法律因素、社会公众因素和环境与绿色因素四方面考虑，从顾客、企业内部控制、创新与学习和财务角度建立指标体系，运用网络层次分析法，对生命周期结束的计算机产品的回收决策进行了研究。谢黎黎（2006）建立的逆向物流决策指标与此非常相似，考虑到财务、顾客、学习与成长、内部运作四个方面，然后分别对分销商和生产商逆向物流运作模式进行了比较分析。申成霖和汪波在2005年对Meade和Sarkis模型进行了微小改动，并把它运用到电子商务逆向物流的第三方供应商评价中。罗兵等在2005年对Sarkis的模型作了改进，确定了绿色供应链管理的主要决策要素——环境法规和标准、环境友好实践、运作生命周期、供应链绩效、绿色化选择方案，并给出了这些要素之间的相互影响关系。王蓓、孙林岩（2007）从经济性、竞争、法律约束和客户角度说明了影响逆向物流运作决策的有关因素，并运用网络层次分析法对逆向物流决策进行了求解。

(5) 实证研究

实证研究部分国外文献较多，并且研究全面、启发性较大，下面将以介绍国外近几年的文献为主。

1995 年，Kroon 和 Vrijens 为可重复使用、可折叠的运输包装容器的租用设计了“闭环”回收物流系统。该系统包括 5 个主要成员：总代理，它是可复用容器的持有人，负责所有的非物流事务，如购买包装、推销服务等；回收物流服务商，负责收集、清理、储存和配送包装；发货人；收货人；“正向”物流服务商。他们研究的重点是成本最小化目标下仓库地点的选择。这些仓库将用来存储、清理和维修回收来的包装容器，当有人租用容器时，也将从仓库将容器发送给发货人。此外，他们还求解了下列问题：维持系统运转所需的容器数量、租金定价、各仓库之间的库存平衡。他们建立了一个经典的无能力约束仓库选址模型，这属于混合整数线性规划（MILP）问题。他们的不足之处在于，没有考虑包装未能全部被回收（在一般的回收系统中，发出去的产品由于各种原因都不可能被全部回收）或受损坏后的补充订货问题。

Jahre（1995）研究了家庭垃圾的收集循环利用体系的绩效问题，对包装材料进行了重点研究，认为垃圾源的分离程度以及协同收集是绩效的两大方面。Thierry（1997）研究了电子和汽车工业中的产品回收管理（Product Recovery Management，PRM），探讨了 PRM 对产品设计、物流以及参与者相互关系的影响，并对一家复印机公司和宝马汽车公司进行了实证研究。Barros 等（1998）研究了一个从建筑废弃物中再生沙子的再循环利用案例，构建了一个用于确定仓库容量及净化设备安装地点的多级选址定位 MILP 模型。他们认为在符合环境保护法的情况下，沙子可大规模地再生并用于基础设施工程、道路建设等的填充替代物。在这个逆向物流双层规划网络系统中，存在两个层次的决策问题。高层次的决策问题是：确定需要哪些设施，这些设施的位置，确定设施的处理能力，确定废弃沙土的流量等。低层的决策问题是：确定运输设施的数量、规模及运行路径，需要多少人员等。作者们建立了一个数学规划模型并对该模型求解，解决了系统中的决策问题。

Johnson（1998）对制铁工业中的铁角料如何通过再循环获得经济价值进行了研究。Louwers 等（1999）提出了废旧地毯回收网络的模型，建立了一个确定预处理中心位置及处理能力的非线性连续选址定位模型，采用非线性模型来解决最优化问题。该模型的特点是考虑了设备折旧成本并可自由选择预处理中心的设置地点。

1999 年，Carsten Nagel 和 Peter Meyer 从生态学和经济学的角度阐述了末端产品回收对环境的影响，分析了 EOL 电器和电子设备的循环利用过程，指出现有的 EOL 系统的分析、描述和优化工具和方法远远无法令人满意。他们通过目标确定、系统分析和模型开发三个步骤，讨论了某些物质的循环利用过程，系统分析了如何将转移和转换过程区分开来：转移过程描述的是 EOL 产品随着时间的变化而发生的位置的改变，这是严格的物流过程，包括收集、运输、中转和储存；转换过程则是 EOL 产品的结构、成分和质量的改变，包括拆卸、回收和处置。在对成本优化时，作者们认为，应该从总体规划（成本最优化）、设施选址规划（设施类型、规模、定位和数量）、车辆运行路径和计划与分区规划（路径顺序、车辆计划）三个方面进行考虑。Krikke（1999）对 Rotterdam 地区名为 Roteb 回收公司的计算机主机的回收策略进行了实证分析。

Toktay（2000）等人研究了柯达公司的一次性照相机案例（柯达公司对一次性相机回收后进行分解，对其中的闪存电路板进行再恢复使用），使用了一个紧密排队模型对周期性订单进行决策分析。

2001 年，Li-Hsing Shih 介绍了中国台湾地区如何对废旧家电及计算机实施逆向物流的再循环，利用混合整数规划建立了回收逆向物流网络模型，并通过实例进行了验证。他还设计了六种不同的回收策略，考虑的指标有运输成本、运营成本、设施成本、固定成本、沉淀成本和废弃物处理成本，并考虑到了政府补贴和回收物的销售收入，通过 MILP 模型的优化，获得了家用电器回收物流网络的最优设计方案。

21 世纪以来，这方面的研究成果辈出。Grenchus 和 Johnson（2001）提及，IBM 公司通过逆向物流的实施改善了对环境的影响。Tsoulfas 等（2002）对蓄电池的逆向物流过程从环境方面进行了分析。Daniel 等（2003）阐述了如何利用生命周期库存理论对电池中的铅进行回收。Gonzalez-Tone 等（2004）分析了欧洲废旧瓶和包装回收公司的逆行物流策略。Frank 等（2006）通过建立闭环供应链网络的方式，对德国废旧汽车的回收进行了分析。

1.2.3 已有文献的研究现状、不足及未来研究趋势

无论是学术领域还是企业实践中，逆向物流研究都尚处于探索阶段。目前，逆向物流虽然受到众多国内外学者的广泛关注，但由于逆向物流研究领域非常宽泛，加之欧洲学派和美洲学派对逆向物流定义界定的差异，导致了对逆向物流理论研究框架的不同。目前在理论基础上的研究主要还是集中于逆向物流概念的界定，系统结构框架的确定，关于库存、生产计划、选址等问题的定量模型控制研究。随着现代物流与供应链的发展，逆向物流与信息技术、电子商务、第三方物流企业等的供应链协同发展步伐加快。在这些方面，国内外学者的研究领域基本一致。

在逆向物流的研究中还有许多问题尚待解决，比如，对逆向物流网络的构建。目前多数网络规划方法大多是先将各种随机情况进行确定性近似，再建立混合整数线性规划数学模型，然后优化求解，而忽视了不确定性对网络设计的影响。目前供应链管理成为企业管理的新兴模式，越来越多的企业开始重视逆向物流与供应链整合的管理策略。可持续发展战略在发达国家的推行使得学术界对逆向物流的社会、环境、经济意义进行重新思考，循环经济、闭合供应链（Closed-Loop Supply Chains）的研究是一个新的趋势，这方面的研究有待深入。此外，从文献综述可以看出，国内的研究定性讨论居多，定量和实证研究方面比较薄弱；对逆向物流的模式基本研究不够深入，模式的分类尚不统一，各种模式的特点和适用性需要详细研究，对逆向物流需求企业而言，运用什么方法、选择何种决策模式，都是企业解决逆向物流业务所面临的难题；对第三方逆向物流企业的介入，众多学者进行了可行性探讨，但是如何合理选择外包的第三方物流供应商等问题还有待研究和探索。有鉴于此，联系我国目前企业逆向物流面临的实际问题，本书将企业逆向物流管理的决策模式研究和决策方法研究，作为研究的主要内容，以期对企业实践有所帮助。

1.3 研究目的、框架与内容安排

1.3.1 研究目的

随着循环经济战略和可持续发展理念的深入，环境友好和生产者责任延伸成为企业的一项新任务，对企业逆向物流的研究更加迫切。因此，本书的总体目标是：在总结国内外逆向物流的理论与实践研究成果的基础上，结合我国企业面临的实际情况，对逆向物流的决策问题和逆向物流供应商的选择进行深入研究，为企业更好地承担生产者责任提供参考和方法支持。具体如下：

第一，对企业逆向物流不同决策模式进行比较研究，并构建不同回收模式的原子模型，为企业解决逆向物流问题提供参考。

第二，对多属性决策方法进行研究，提出基于密切值法的组合赋权多属性决策方法，为解决逆向物流决策问题提供方法支持。

第三，为企业建立逆向物流决策的评价指标体系，运用上述多属性决策方法进行定量研究，给出科学合理的决策方案。

1.3.2 研究框架与内容安排

本书的研究框架见图 1–2。

第 1 章，绪论。本章在充分讨论研究背景的前提下，总结逆向物流的历史发展，对逆向物流的定义、特点、价值进行详尽分析，并从逆向物流理论基础、逆向物流系统、逆向物流与供应链管理、实证研究四个方面对国内外研究成果进行梳理，指出当前研究中存在的不足和未来的发展趋势，提出研究问题，阐明该研究的目的、意义、研究方法、研究内容理论框架及创新之处。

第 2 章，企业绿色逆向物流模式的理论基础。本章对逆向物流发展的相关理论进行说明，主要从循环经济理论的发展、可持续发展理念和多属性决策理论方面进行介绍，为研究奠定理论基础。

第 3 章，企业绿色逆向物流决策分析。本章在对逆向物流活动进行

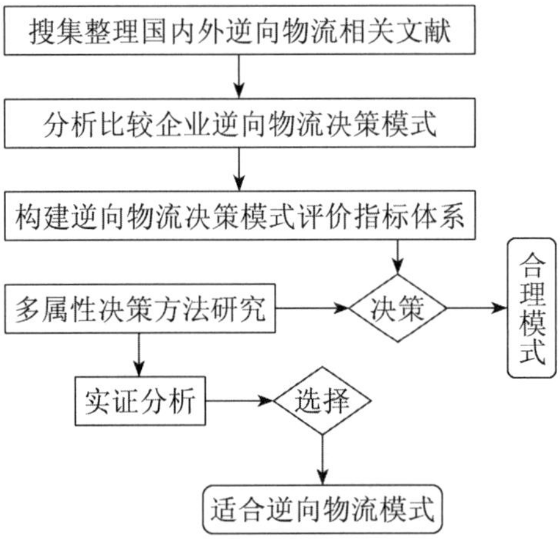

图 1–2 本书的研究框架

系统分析的基础上，将当前中国企业可供选择的逆向物流模式分为企业自营、生产商联营和外包逆向物流三类，并将之与传统的逆向物流模式进行详细比较，指出各种模式的优势、劣势、适用条件和目前的应用状况。依据评价指标体系的系统性、科学性、实用性等原则，构建逆向物流决策模式的评价指标体系，为下文解决问题做好分析研究。

第 4 章，企业绿色逆向物流模式决策的综合评价方法。本章首先对逆向物流决策问题定性，确定其为一个典型的多属性决策问题，而后对多属性决策问题解决方法进行概述，确定评价指标的预处理方法，选择以层次分析法和熵值法为主、客观权重赋值的方法，研究一种新的多属性组合赋权决策方法——基于密切值的多属性决策方法，为解决本研究问题提供方法支持。

第 5 章，铁尾矿处理实证分析。本章运用之前论及的对逆向物流模式分析的指标体系和决策方法对某矿山企业的尾矿库处理问题进行决策的实证分析，并验证指标体系的合理性和决策方法的科学、简便、可操作性。

第 6 章，结论与展望。本章总结研究结论，指出后续工作方向和未来的研究趋势。

1.4 主要研究方法与创新之处

1.4.1 主要研究方法

本书主要研究方法如下：

（1）在广泛研究国内外逆向物流及相关资料的基础上，充分考虑国内企业所处的政策环境和面临的国际竞争环境，理论与实际相结合，深入分析企业逆向物流的决策模式，并进行对比研究。

（2）充分运用所学知识和研究方法，借助管理学、运筹学和数学工具，探索多属性决策问题的解决方法，对逆向物流管理中的决策问题进行定量研究。

（3）定量研究与实证研究相结合，在定量研究的基础上，对研究方法进行算例证明，证明其科学、合理性。

1.4.2 创新之处

（1）在详细分析比较各种回收模式的基础上，构建多维度绿色逆向物流决策模式指标体系，为企业清晰认识自身条件，解决企业绿色逆向物流问题提供决策基础。

在论述逆向物流决策问题的研究背景及研究意义的基础上，基于循环经济理论和可持续发展观的思想指导，对企业信息和现实的管理模式进行详尽分析，通过对逆向物流运作的传统回收模式、生产商自营模式、生产商联营模式、生产商外包模式的参与主体、优势、劣势、适用条件及应用的系统阐述，对绿色逆向物流运作模式有一个更加系统、清晰的认识，使得企业可以通过对绿色逆向物流模式的分析，发现自身处理绿色逆向物流决策问题的优点和弊端，为其进行合理的决策方案选择提供定性的判断依据，并在此分析的基础上，综合众多学者的研究成果，从经济效益、企业学习与成长、外部压力、法律约束、社会责任等多维度构建绿色逆向物流决策的评价指标体系，为企业解决逆向物流问题并作出合理决策提供参考。

(2) 在充分考虑决策者对主观赋权方法和客观赋权方法的偏好下，提出基于密切值的组合赋权多属性决策方法，为解决多属性决策问题提供一个新方法。

通过对企业绿色逆向物流决策问题的研究，对其理论定性，确定该问题为典型的多属性决策问题。然后，对现有的多属性决策问题解决方法进行研究。主观赋权法，其源信息来自专家咨询，此类方法多是采用综合咨询评分的定性方法，其权重确定主要由专家根据经验主观判断得到。此类方法因受到人为因素的影响，往往会夸大或降低某些指标的作用，致使结果不能完全真实地反映事物间的现实关系。客观赋权法，其源信息来自统计数据，即根据体现在实际统计数据中的各指标之间的相关关系或各项指标值的变异程度来确定权数，避免了人为因素带来的偏差，但这种方法确定的权重有时会与指标实际的相对重要程度相悖。由于这两类方法都存在各自的弊端，因此许多学者提出综合主、客观赋权思想的组合赋权方法，其可以更加科学合理地解决多属性决策问题。于是，本书在研究已有方法的基础上，提出一种新的组合赋权多属性决策方法——基于密切值的组合赋权多属性决策方法，并通过算例对其科学合理性加以验证，为解决逆向物流管理中的决策问题提供一种新的方法支持。

(3) 将多维度的企业绿色逆向物流决策指标体系和基于密切值的组合赋权多属性决策方法运用于铁矿尾矿处理的实证研究，得到理论满意、实践可行的结论，为企业解决同类问题提供较好的研究思路。

本书在分析企业绿色逆向物流决策备选方案的基础上，运用构建的绿色逆向物流决策指标体系和基于密切值的组合赋权的决策方法，对现实中某矿山企业的铁尾矿处理问题进行了实证研究，不仅为企业提供了一种可行的决策方案，而且也证明了基于密切值的组合赋权多属性决策方法的科学、合理、简便易用及可行性，为该类问题的研究提供了新思路。

第2章　企业绿色逆向物流模式的理论基础

2.1　循环经济与逆向物流发展

从逆向物流和循环经济的内涵就可以直观地看出，二者的根本目的都是节约资源、保护环境和提高资源利用率，从而缓解目前资源短缺、生态恶化的状况。逆向物流作为现代物流供应链中不可缺少的一部分，通过对产品进行适当处理，从中恢复部分产品的使用价值，它与正向物流一起构成循环的物流体系。逆向物流是循环经济在物流领域的重要体现，循环经济的实现要以逆向物流为支撑；循环经济的发展会增加逆向物流的需求，逆向物流的发展要靠循环经济的大力推动。二者关系密切、互相促进，主要表现在以下几个方面：

第一，二者都是以可持续发展理论和生态经济学理论为指导。

循环经济以可持续发展理论为支撑，是一种可持续发展的经济模式，表现为经济增长、环境利用效率提高、污染物排放减少，经济发展充分考虑资源与环境的承载能力，是实施可持续发展战略的必然选择。而逆向物流是将“环境友好”融入物流领域，使得企业乃至整个供应链能够实现节能高效、少污染，是现代社会实现可持续发展的有效途径。循环经济要求运用生态学规律来利用自然资源和环境容量，实现经济活动的生态化和绿色化转向，把清洁生产、资源综合利用、生态设计和可持续消费等融为一体。

逆向物流设计了经济和生态环境两大系统，以经济学的一般原理为指导，以生态学为基础，谋求在生态平衡、经济合理、技术先进的条件下，实现生态与经济的最佳结合以及协调发展。

第二，逆向物流是循环经济的支撑。

循环经济作为一个封闭的系统，从资源的开发、资源的转化、产品的生产运输和消费等正向物流流程中会产生残损品、废旧物品以及生活垃圾等废弃物和可再生资源，对于这些物品的回收、回收物的处理、可再利用资源再投入到生产等流程都属于逆向物流范畴，经过逆向物流环节，对其回收利用，变废为宝，形成可再利用的能源，部分完全失去使用价值的废物经过焚烧和填埋回到自然生态系统中。可见，逆向物流是实现循环经济的必要手段，只有构建起顺畅的逆向物流，才能形成封闭的循环流程，物质才能高效、低成本循环，否则循环链将断裂，循环经济将不能实现。

第三，逆向物流是循环经济发展的原动力。

降低资源消耗，提高物资的利用率是企业降低成本、提高经济效益的重要手段，也是降低社会资源消耗、促进循环经济发展的重要手段。逆向物流的开展为废旧物品的回收和利用架设了桥梁，节省了大量的社会资源，同时也使企业降低经营成本，提高客户满意度，获得竞争上的优势。这又促使企业更加重视逆向物流，从微观层面为循环经济的发展提供原动力。

第四，逆向物流的发展是循环经济发展的保障。

由于目前逆向物流管理和技术水平上的欠缺，大量的物资没有得到很好的循环利用或根本无法循环利用。科技水平和逆向物流技术、组织手段的不断进步，能够有效提高回收和循环利用水平，甚至以前不能够回收利用的废旧物资也逐步变成了可以回收利用的对象，这就进一步提高了资源利用的效率，提高了再利用的程度，保障循环经济健康持续发展。

第五，循环经济是促进逆向物流发展的指导力量。

随着人们资源意识和环保意识的加强，循环经济的理念已经在社会中广泛形成，而循环经济的发展是以资源的循环利用为基础的，因此需要对生产、运输、消费等领域中产生的废弃物进行回收、处理、再循环。其中的每个环节都需要逆向物流的有效参与，从而形成了巨大的逆向物流市场。因此，循环经济对逆向物流的发展有重要的引导作用，并且，循环经济越发达，逆向物流的发展越迅速。

第六，循环经济为逆向物流发展提供技术保证。

在循环经济的发展过程中，为使循环经济快速、健康地发展，必须不断引进先进技术和进行技术创新，从而在技术上保证资源的再利用和环境的保护，而这些先进的技术同样提高了逆向物流的管理水平，为逆向物流的发展提供技术保证。

2.2 现代绿色物流理论与企业绿色逆向物流模式

绿色物流可以追溯到20世纪90年代初人们对运输引起环境退化的关注：道路、码头和机场等交通基础设施的建设占用了大量的土地；汽车等交通工具尾气排放成为城市空气的主要污染源之一。因此，一些专家学者建议把环境问题作为物流规划的一个影响因素，成为绿色物流的雏形。此后，绿色物流从运输逐渐扩展到包装、仓储等活动中，逐渐形成一个比较完整的概念和体系。

（1）绿色物流的内涵

绿色物流（Environmental Logistics）是指以降低对环境的污染、减少资源消耗为目标，利用先进的物流技术，规划和实施绿色运输、储存、包装、装卸、流通加工等活动。2001年国家标准《物流术语》对绿色物流的定义是：在物流过程中抑制物流对环境造成危害的同时，实现对物流环境的净化，使物流资源得到最充分利用。现代绿色物流融入了环境可持续发展理念，从环境的角度对物流体系进行改进，形成了一个环境共生型的物流管理系统。改变原来经济发展和消费生活与物流的单向作用关系，强调了全局和长远的利益，强调了全方位对环境的关注，体现了企业的绿色形象，是一种全新的物流形态。绿色物流是一个多层次的概念，它既包括绿色销售物流、绿色生产物流，也包括绿色供应物流；它既包括企业的绿色物流活动，又包括社会对绿色物流活动的管理、规范和控制。绿色物流一般包括以下内容（吴建文，2004）：

①集约资源。这是绿色物流最本质的内容，也是发展物流的主要指导思想之一。通过整合现有资源，优化资源配置，企业能够提高资源利用率，减少资源消耗和浪费。这正是可持续发展所提倡的，也是我国发展绿色物流亟待逾越的障碍。以基础设施建设为例，我国有的地区在新建物流中心时，没有考虑和原有物流硬件设施的兼容问题，结果新的修起来，旧的就弃置了，造成资源的巨大浪费。据悉，我国物流设施空置率高达 60%，这显然与物流发展的方向背道而驰，更不要说绿色物流了。

②绿色运输。运输过程中的燃油消耗和尾气排放，是物流造成环境污染的主要原因之一。绿色运输首先要对货运网点、配送中心的设置做合理布局与规划，通过缩短路线和降低空载率，实现节能的目标。绿色运输还要求改进内燃机技术和使用清洁燃料，以提高能效。绿色运输还应当防止运输过程中的泄漏问题，以免对局部地区造成严重的环境危害。

③绿色仓储。绿色仓储要求仓库布局合理，以节约运输成本。布局过于密集，会增加运输的次数，从而增加资源消耗；布局过于松散，则会降低运输的效率，增加空载率。仓库建设前还应当进行相应的环境影响评价，充分考虑仓库建设对所在地的环境影响。例如，易燃易爆商品仓库不应设置在居民区，有害物质仓库不应设置在重要水源地附近。

④绿色包装。大量的包装材料在使用一次以后就被消费者遗弃，从而造成环境问题。例如，我国比较严重的白色污染问题就是不可降解的塑料包装随地遗弃引起的。绿色包装要求提供包装服务的物流企业进行绿色包装改造，包括使用环保材料、提高材质利用率、设计折叠式包装以减少空载率、建立包装回用制度等。绿色包装应符合 4R 要求，即少耗材（Reduction）、可再用（Reuse）、可回收（Reclaim）和可再循环（Recycle）。

⑤逆向物流。逆向物流是指与资源循环、资源替代、资源回收和资源处置有关的物流活动。它能够充分利用现有资源，减少对原材料的需求，常被发达国家作为建设循环型经济的重要举措。实施逆向物流是一项系统工程，需要有完善的商品召回制度、废物回收制度以及危险废物处理处置制度。在我国，逆向物流还没有得到充分发展，仅局限于废旧物资的回收、生活垃圾的分类等初级行为，经济效益尚不明显。逆向物流与绿色物流的关系可以由图 2-1 更加清晰地表达。

图 2-1　逆向物流与绿色物流的关系

作为绿色物流的重要组成部分，逆向物流体系的完善，是整个物流体系完整的关键，企业在贯彻绿色物流理念时，必须同时把逆向物流与正向物流相互协调、融合在一起，使之成为一个闭合的系统，才能取得经济与社会效益的“双赢”。

（2）绿色逆向物流的体系构架

绿色逆向物流是指物料从消费者向企业流动的一系列物流活动。对于企业而言，能够维护人类环境，并承担起生产者延伸责任，树立良好的企业形象，必须关注原本忽视的逆向物流业务，提出有效的解决方案并落实。合理高效的绿色逆向物流体系结构需要把握好以下五个环节（官绪明、杨坚争，2004）：

①旧产品的回收。回收旧产品是绿色逆向物流系统的始点，它决定着整个绿色逆向物流体系是否能够盈利。旧产品回收的数量、质量，回收的方式以及产品返回的时间选择都应该在控制之列。企业不仅仅要考虑自身的物流效率，还必须与供应链上的其他关联者协同起来，从整个供应链的视野来组织回收物流，最终在整个经济社会建立起包括生产商、批发商、零售商和消费者在内的回收循环物流系统。

②旧产品的运输。旧产品一旦收集以后，下一步就要把它们运输到对其进行检查、分类和处理的车间，如何对其运输和分类没有固定的模式，要根据不同产品的性质而定。比如，对易碎品像瓶子、显示器等的处理方式和轮胎、家具等完全不同。我们不仅要考虑产品的运输和储存成本，还要考虑产品随着回收时间延长而增加的沉没成本，从而对不同产品在时间上给予不同的对待。

③回收产品的检查与处置。回收产品的测试、分类和分级是一项劳动和时间密集型的工作，企业通过设立质量标准，使用传感器、条形码以及其他技术实现测试自动化，就可以改进这道工序。一般说来，在逆向物流体系中，企业应该在产品质量、产品形状等的基础上尽早作出对产品的处理决策，这样可以大大降低绿色物流成本，并且缩短再加工产品的上市时间。

④回收产品的加工。企业从回收产品中获取价值主要通过两种方式来实现：第一是取出其中的元件，经过修理后重新应用；第二是对该产品全部重新加工，再重新销售。相对于传统的生产而言，对回收产品的修理和再加工有很大的不确定性，因为回收的产品在质量以及时间上可能差异性很大，这就要求我们在对回收产品分类时，尽量把档次质量及生产时间类似的产品分为一组，从而降低其可变性。

⑤再循环产品的销售。回收产品经过加工后就可以投入市场进行销售，和普通产品的销售一样，企业如果计划销售再循环的产品，首先需要进行市场需求分析，从而决定是在原来市场销售，还是开辟新的市场，在此基础上企业就可以制定出再循环产品的销售决策并进行销售。这就完成了逆向物流的一个循环。

企业的逆向物流管理决策要以绿色物流理念为指导，充分考虑环境友好、生态友好等因素的影响，选择适合企业发展的决策模式，使企业在承担自身社会责任的同时，实现经济利益的增加。

2.3 供应链管理与企业绿色逆向物流过程

企业为了在激烈的竞争中取胜，被迫将不擅长的业务根据“比较优势”的原则，外包给其他企业完成，这样就形成了一条从原材料和零部件采购、运输仓储、分销直到最终把产品送到客户手中的相对完整的产业链条——供应链。物流与商流、信息流、资金流和增值流一样，是供应链管理的重要组成部分，贯穿于整个供应链，它连接供应链的各个企业，是企业间相互合作的纽带。供应链管理赋予物流与采购管理新的意义和作用，如何有效地管理供应链的物流过程，使供应链将物流、信息流、资金流有效集成并保持高效运作，是供应链管理要解决的一个重要问题（马士华，2000）。

供应链管理是跨企业范围的、比物料管理更广泛的管理，它从战略层次上把握最终用户的需求，通过企业之间的有效合作，获得成本、时间、效率、柔性等的最佳效果。供应链管理包括从原材料到最终用户的所有活动，是对整个链条的过程管理。现代供应链的物流管理是从配送管理、物料管理、后勤管理等概念延伸出来的，作为现代供应链管理思想的起源，同时也是供应链管理的一个重要组成部分。

在供应链管理中物流有着重要的地位。这一点可以通过价值分布来考察。不同的行业和产品类型，供应链价值分布不同，但是我们可以看出，物流价值（采购和分销之和）在各种类型的产品和行业中都占到了整个供应链价值的一半以上，而制造价值不到一半。在易耗消费品和一般工业品中，物流价值的比例更大，达80%以上，这充分说明物流的价值意义。供应链是一个价值增值过程，有效地管理好物流过程，对于提高供应链的价值增值水平，有着举足轻重的作用。

从传统的观点看，物流对制造企业的生产是一种支持作用，被视为辅助的功能部门。但是，由于现代企业的生产方式的转变，即从大批量生产转向精细的准时化生产，这时的物流，包括采购与供应，都需要跟着转变运作方式，实行准时供应和准时采购等。另外，顾客需求的瞬时化，要求企业能以最快的速度把产品送到用户的手中，以提高企业快速响应市场的能力。所有的这一切，都要求企业的物流系统具有和制造系统协调运作的能力，以提高供应链的敏捷性和适应性，因此，物流管理面临的不再是传统的保证生产过程连续性的问题，而是要在供应链管理中如何发挥重要作用：

第一，创造用户价值，降低用户成本。

第二，协调制造活动，提高企业敏捷性。

第三，提供用户服务，塑造企业形象。

第四，提供信息反馈，协调供需矛盾。

逆向物流同正向物流一样，对构建闭合的供应链有不可替代的作用。图 2-2 给出了一个典型的闭环供应链结构（孙林岩、王蓓，2005），其中的实物以一种封闭的方式流动。可以看出，逆向物流的恢复方式主要有再使用、修理、再制造、再循环和废弃处置等。事实上，正向物流与逆向物流的界限并不明显，可以理解为经逆向物流恢复的产品又作为正向物流的源头重新回到正向物流中。在逆向物流的整个流程中，都是以供应链管理理论为指导的，供应链管理过程中包含了所有逆向物流的内容，其目标是在低成本提供客户服务的基础上限制排放和剩余废弃物。

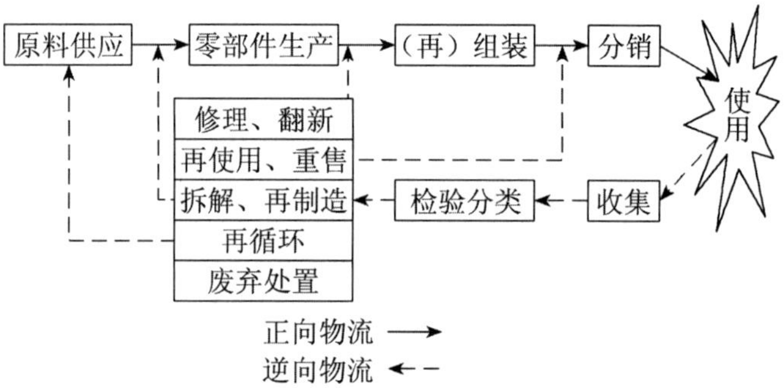

图 2-2 闭环供应链

逆向物流作为现代物流与供应链管理的重要组成部分，以其“绿色”标志成为循环经济和可持续发展战略的重要实现手段，有了逆向物流的参与，供应链的闭合才有了实现的可能，供应链的内容将更加丰富，当然供应链管理理论与实践的发展，也为逆向物流在企业中实施提供了理论基础指导和实施条件，在现代物流与供应链管理中，逆向物流的健康发展，必将会使整个理论与实践更加完善。因此，在构建逆向物流系统和实施逆向物流管理的时候，必须从供应链的角度出发，形成循环可持续的封闭系统，才能做到真正意义上的可持续发展。

2.4 决策理论与企业绿色逆向物流模式决策

决策是人类的一项基本活动，是人类行动的先导，存在于个人、组织与外界事物发生联系的一切行动中。根据现代管理科学创始人、世界著名经济学家、诺贝尔奖获得者西蒙（A. Simon）教授的定义，管理就是决策——多准则决策（Multi Criterion Decision Making，MCDM）。多准则决策包括多目标决策（Multi Objective Decision Making，MODM）和多属性决策（Multi Attribute Decision Making，MADM）两种，属于决策科学、系统科学、管理科学、数学、运筹学、模糊系统理论、计算机科学、心理学、思维科学、行为科学等交叉科学的范畴。多目标决策与多目标（数学）规划相联系，是从无限个方案集中隐式求解的决策方法。因此，多目标决策有时又称为无限个方案多目标决策。而多属性决策是与偏好结构建立的形式相联系的，从有限个方案集中进行显式选择的决策方法。在科学技术不断进步、社会经济快速发展、自然资源和生态环境日益恶化的情况下，人类正面临着越来越多的重大、复杂而困难的问题有待决策，这就需要形成一套科学、有效、合理、实用的决策理论与方法，为现实决策问题提供理论依据和方法支持（宋光兴，2001）。

多目标决策的理论与方法，是由于解决大量现实问题的需要而发展起来的，现有的数学和计算工具，使这种发展成为可能。多日标决策是指在多个目标间互相矛盾、相互竞争的情况下所进行的决策。决策者面对的系统具有层次性、联系性和多维性等复杂性质，是多目标决策存在的根本原因。近代多目标决策理论与技术的产生与发展最直接的原因在于作为科学决策工具的单目标数学模型忽视了客观事物普遍存在的多目标性，因而除了简单的问题之外，单目标决策很难满足个人和群体决策的要求。在现代工农业生产、能源开发、城市交通、企业管理、社会经济发展和各种有限资源合理分配的复杂问题中考虑多目标决策具有如下必要性和优越性：采用多目标决策方法其结果更合理、更逼真，易被人们接受；有利于减少决策失误，促进决策的科学化和民主化；能适应问题的各种决策要求和扩大决策范围，有利于决策者选出最佳均衡方案。

多属性决策主要解决具有多个属性（指标）的有限决策方案的排序问题。多属性决策问题广泛存在于社会、经济、管理等各个领域中，如投资决策、项目评估、质量评估、方案选优、工厂选址、科研成果评价、人才考核、产业部门发展排序、经济效益综合评价等，这样的问题一般需要考虑多个不可公度、不同量纲而且相互冲突的目标（准则、指标、属性或因素）进行综合评价与分析，从中选择出最满意的方案供决策者使用，因此多属性决策理论及方法有着广阔的应用前景。图2-3是多属性决策过程。

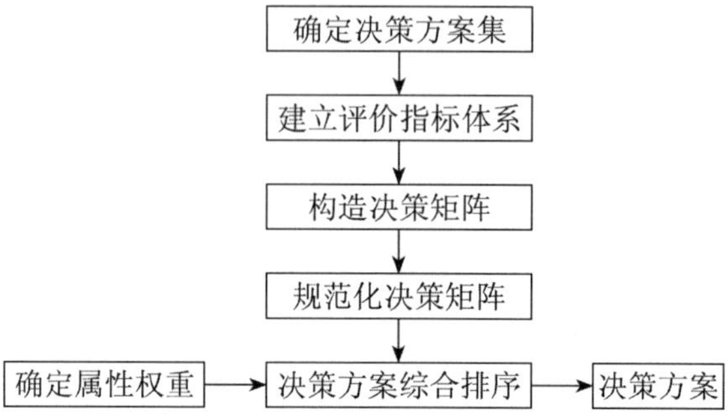

图 2-3　多属性决策过程

由于多属性决策问题的广泛存在性，国内外对多属性决策的研究一直十分活跃，特别是近 20 年来，学者们提出了很多求解多属性决策问题的方法。

在多属性决策问题中，属性有定性和定量之分，决策方案在各属性下的取值有三种情况：全部为定量值；全部为定性描述；定量与定性兼而有之。对于后两种类型的多属性决策问题，有的研究者采用层次分析法、模糊数学、灰色系统理论、集对分析等方法直接对决策方案进行排序；大部分研究者则利用层次分析法、模糊数学等先将它们转化为定量型再进行求解（宋光兴，2001）。

按照属性的含义，属性还可以分为效益型、成本型、固定型和区间型。固定型属性是指，其属性值既不能太大，又不能太小，而以稳定在某个固定值为最佳的属性，或者说，其属性值越接近某个值越好的属性；区间型属性是指，其属性值以落在某个固定区间为最佳的属性，或者说，其属性值越接近某个固定区间（包括落入该区间）越好的属性，像国标中规定的等级划分通常属于此类型属性（李占明，1989）。

最早的多属性决策方法应用是 Churchman、Ackoff 和 Arnoff（1957）首次于 1957 年正式利用简单加权法（Simple Additive Weighting Method）处理了“选择企业投资方针”这样一个 MADM 问题。

关于多属性决策方法，主要有四类：

（1）基于 Bernard Roy 的开创性工作的级别高于关系（Qutranking）方法，这种方法在 ELECTRE 法和 PROMETHEE 法里得到实现，为多属性决策问题提供了强有力的解决工具。

（2）价值和效用理论方法。这种方法首先由 Keeney 和 Raiffa 提出，其中一种特殊的方法是由 T. L. Saaty 提出的层次分析法（AHP 法），并在 Expert Choice 软件包中实现。

（3）交互式多目标规划方法。在这一领域，P. L. Yu、Stanley Zionts、Milan Zeleny、Ralph Steuer 等作出了开创性贡献。最好的交互式方法是由 Pekka Korhonen 开发的 VIG 软件包。

（4）基于群决策和谈判理论的方法。阿罗（K. Arrow）不可能性理论在社会选择和群决策领域中的作用，犹如能量守恒定律在物理学中的作用，它将决策理论研究引入了新的更广泛的领域（宋光兴，2001）。

20 世纪 80 年代后，研究者的注意力从多准则优化转向了为决策者提供多准则决策支持，“优化”的概念变成了“满意”，研究者们主要考虑的不再是建立在对决策人偏好结构和行为的不现实假设基础上的良好定义和结构的问题，而是决策者的实际和决策行为，因为有了好的人机通讯接口，问题求解的组织背景等成为研究的主要方面，而计算机科学、认知科学、通讯技术、网络技术的发展，为这种研究提供了可能。

20 世纪 90 年代以后，研究方向转向用模糊数学解决含有模糊数据（即不确定）的 MADM 问题。其背景是：在现实世界中，多数 MADM 问题中的方案绩效评价（Alternative Performance Rating）可能是干脆的（Crisp）、模糊的（Fuzzy）和/或语言表示的（Linguistic），因而各方案的最终评价（Final Ratings）不再是干脆的数，而是模糊的数。这就涉及如何确定各方案的最终评价（模糊数）以及如何比较各方案的最终评价（模糊数）。如何确定各方案的最终评价可通过所谓的模糊 MADM

方法来解决。这方面的研究成果颇丰，如 Dubois（1983），Nakamura（1986），胡秦生、郑春勇（1995）等。

由于多属性决策问题在社会、经济、管理及工程系统等各个领域有着广泛的实际应用，对其方法的研究与改进，以及在实际应用中的可行性分析将对社会与经济发展大有裨益，因此对多属性决策问题的研究拥有广泛的前景。

对于本研究中的逆向物流决策问题，也属于一个典型的多属性决策问题，针对逆向物流自身的特殊属性，如何基于现代绿色物流理念和供应链管理的角度，从经济效益、企业学习与成长、外部压力、法律约束和社会责任等方面，对逆向物流的决策进行多层次、多维度的全面分析，从而更加清晰地认识逆向物流决策问题的核心要素，继而选择适合该问题的合理有效方法，运用目前掌握的多属性决策问题的解决思路，得到合理的决策方案，帮助企业作出科学选择，是本书后续章节的重点研究内容。

2.5 企业绿色逆向物流决策模式的理论框架

综合前文所述，作为逆向物流的精髓思想——绿色物流理论对逆向物流问题的解决有着重大指挥作用，基于绿色环保、生态友好、节能循环的绿色理念，运用可持续发展理念和循环经济的思想，审视逆向物流的决策问题，使逆向物流的理论基础更加坚实，指导思想更有体系，发展方向更加明确，人类可以更加充分地认识逆向物流对我们生活、生产的重大影响和社会意义，也从中分析出做逆向物流决策是需要重点考虑的要素，从而寻求更合理的管理方法；在充分剖析逆向物流的整个流程以及各个流程所涉及的问题之后，运用供应链管理的思想，探讨逆向物流的各种决策模式，并根据各模式的特点，分析其应用条件；清晰地认识问题是为了找到合理的解决方法，在明确逆向物流决策问题是一个多属性决策问题之后，以多属性决策理论为基础，分析主观赋权决策方法和客观赋权决策方法的缺点，确定出组合赋权思想是解决决策问题的主流方法，于是，在研究已有的密切值决策方法的基础上，充分考虑主观赋权思想与客观赋权思想对决策问题的影响程度，运用组合赋权的思想，通过数学与运筹学工具，研究出一种基于密切值方法的组合赋权的多属性决策方法，将它运用于企业逆向物流的决策中，并用实证分析验证其合理、科学、易用性。整个理论框架如图 2-4 所示，其中可以明确得到各理论相关内容对问题解决的作用。

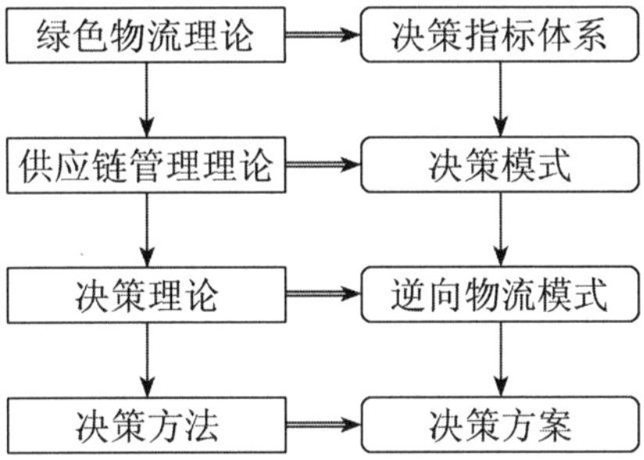

图 2-4　绿色逆向物流决策模式的理论框架

2.6　本章小结

本章对逆向物流决策的相关理论进行了介绍，从现代绿色物流的角度，充分考虑经济可持续发展的趋势，遵循闭合供应链管理思想的主旨，审视逆向物流的管理体系结构，确立逆向物流在现代绿色物流和供应链管理中的重要地位，为第 3 章构建逆向物流决策模式的评价指标体系提供理论基础。对多属性决策理论进行了简单概述，明确了逆向物流决策模式的选择是一个典型的多属性决策问题，为后文中研究多属性决策方法打开了思路，并为逆向物流决策模式选择提供方法支持。

第 3 章 企业绿色逆向物流决策分析

3.1 企业逆向物流活动分析

作为逆向物流网络设计的基础，首先要明确逆向物流的活动类型。尽管对某种具体的回收产品而言，逆向物流的活动可能差别很大，但以下五种活动在产品回收网络中则是反复出现的：收集（Collection）、检测/分类（Inspection/Separations）、再处理（Reprocessing）、再配送（Redistribution）和处置（Disposal）（Gooley，1998），见图 3-1。

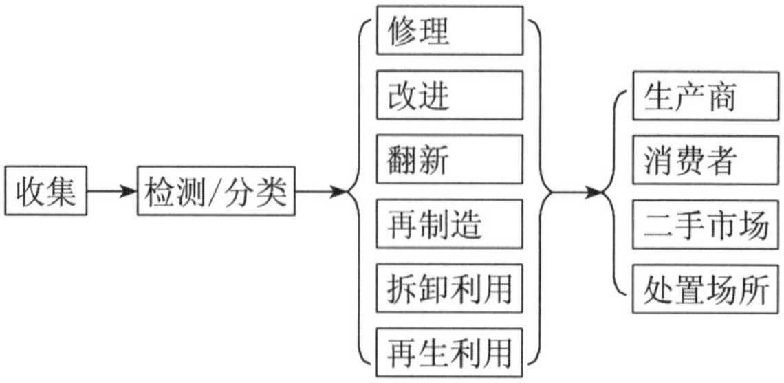

图 3-1 逆向物流处理流程

（1）收集就是将物品从消费者手中转移到需要进一步处理的地点。

此时回收物品将与其他废弃物分离而进入企业逆向物流系统，从消费者市场上收集物品时，经常涉及数目大、批量小的运输，因而运输费用较高。物品收集是逆向物流管理的重要内容。收集包括购买、运输和储存等活动。

（2）检测/分类是确定某给定的产品是否可再利用或以某种方式来处理的过程。通过质量检测，根据直接再利用和处理将收集到的物品进行分流。回收产品供给的不确定性以及产品质量难于事前预测使得检测和分类环节尤为重要。同时，由于回收产品的质量状态复杂多样，导致处理方式多样化。例如，某产品无质量问题，可以简单整修后直接进入二手市场继续出售；如果更换零部件之后仍可使用，则返回生产商或维修处进行相应处理；如果无法再利用，则将部分可用零部件拆卸作为替换品再利用，剩余材料回收或焚烧、填埋等。

（3）再处理是指将回收物品变形为可使用产品的过程。回收物品经过检测与分类后，进入处理阶段，根据回收物品的具体状况、生产商对某种产品的责任要求以及市场需求状况，回收物品可以有多种处置方式：再生（Recycling）、修理（Repair）和再制造（Remanufacturing）（Banker，2001）。另外，诸如清洗（Clean）、更换（Replacement）和重新组装（Re-assembly）等过程也可能包含在其中。

①修理。

修理是指通过修补破损零部件或对其进行调换将产品恢复到其工作状态，而不涉及没有问题的零部件。一般来说，修理后的产品质量会略逊于新产品。

②翻新。

在这一处理方式中，产品先被拆卸为模块，所有关键模块经过检测进行修补和调换，最后合格的模块被装配到翻新产品中。有时，翻新是为了用技术上更为先进的模块调换产品中过时的模块以实现技术升级。翻新后产品的质量水平往往低于新产品的质量水平。军用及商用飞机翻新就是最好的例子。

③重新制造。

重新制造的目标是使产品达到新产品的质量水平。产品将被完全拆卸开，所有的模块和零部件都必须进行检测，破损或过时的零部件和模块将被新的零部件和模块替代，可以修复的零部件通过修补后进行进一步的检测，合格的被装配到模块上进入新产品中。同样，重新制造也可以用于技术升级服务。例如，BMW 对其引擎、转换器等汽车中的高价值零部件实施重新制造了多年，这些零部件与新产品中的零部件有着相同的质量和售后保证，但在价格上要便宜 30% ~ 50%（Banker, 2001）。

④拆卸利用。

拆卸利用的目标是尽可能多地回收利用产品中可再使用的零部件，通过有选择地对产品进行拆卸和对可再用零部件进行检测，原产品只有一小部分得以重新使用，这些零部件将用于修理、翻新和重新制造其他产品的部件。例如，美国 Aurora 公司主要从事集成电路的拆卸利用，从电脑上拆卸下所需要的零部件，对其经过检测、整修、抛光后进行销售。1988—1993 年，公司的销售收入从零增加到 4 000 万美元。

⑤再生利用。

在再生利用中，产品和零部件原有的属性和功能将丢失，但其中分离出的不同的物质材料将被重新用在新产品或相关产品的生产制造中。目前，循环利用已广泛应用于许多使用后产品的回收处理中。例如，在德国、英国和美国，废弃汽车中的金属材料都被循环利用（一辆汽车重量中的 75% 由金属材料构成）（谢黎黎，2006）。

（4）再配送是指把经过处理的产品或回收的材料通过销售、运输和储存等活动配送到潜在的市场，或配送给未来的使用者。再配送包括销售（租赁、服务合同）、运输和存储等活动。处理完毕的回流物品，根据其需求条件和具体情况，最终可有多种配送目的地：

①顾客。

换货或保修返回的产品在经过相应的修理或者翻新处理后，大多是返回给顾客。这时的逆向物流处理活动属于企业的售后服务范围。

②生产商。

这主要针对于分销返回即产品召回、商业返回、库存调整等情形，这时收集的回流物品在分销商处做过简单的检测和分类后就可直接返回到生产商。如大型汽车公司允许其经销商每年返回一定数量的汽车，从而使得汽车经销商及时腾出库存来购买新的汽车产品，更好地为顾客服务。此外，出于保护品牌的缘故，或为了防止技术敏感要素和信息的外泄，生产商要确定零售商没有再次将有缺陷的产品出售给其他不知情的顾客，同时生产商也不希望自己的产品出现在低价商店或跳蚤市场，要求零售商将产品退回。

③二手市场。

对于那些可再使用的包装物和产品，在经过检测和清洁等一些简单的处理后，就可以重新投入使用。这些回收的包装物和产品可以在原来的市场上被重新出售，也可以在二手市场上折价出售，例如通过 Ebay. com 进行在线拍卖（Krumwiede，2002）。

④直接出售。

如果回流产品没有被使用过，或者根本没有拆封，零售商有可能把它重新包装后再次投放市场作为新产品以适当价格出售。分销商或者生产商可以通过专门销售过季产品和不合格产品的“批发商店”出售回流产品，譬如在服装行业，这种做法非常普遍，这些商店低价销售，薄利多销。“批发商店”除了是回流产品的处理方式之外，还成了重要的利润源。自 1998 年以来，美国“批发商店”和“批发购物中心”的数量扩张了 3 倍。2001 年，估计有 5 500 万美国人来回行驶 200 多英里去工厂的“批发商店”购物（谢黎黎，2006）。

要注意的是，某些行业有特殊规定，凡是由顾客退回的商品就不能当作新产品出售。例如，某些国家规定建材市场出售安装过的线圈断路器是非法的。

⑤处置场所。

对于那些没有经济价值或严重危害环境的回返品或零部件等，可通过机械处理、地下掩埋或焚烧等方式进行处理。产品在焚烧时释放出的能量也可以加以利用，在某种程度上也是循环经济的体现。

（5）处置是指将因为技术或经济等方面原因不可再用的产品或部件进行处理。处置包括运输、垃圾填埋或焚烧等步骤。图 3-2 将逆向物流链中的各种活动表示出来，并与正向物流链的活动进行了比较。我们可以看到逆向物流要比正向物流复杂得多，在逆向物流过程中每种管理活动面临多种选择（田军、冯耕中，2005）。

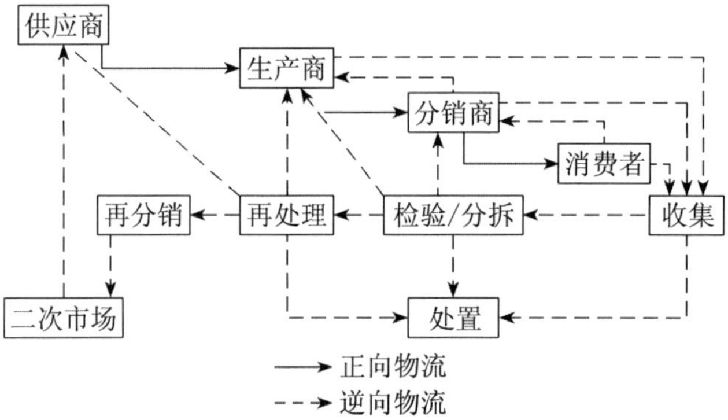

图 3-2 逆向物流链

3.2 企业绿色逆向物流回收模式比较分析

随着环保意识和可持续发展理念的逐步发展，生产者责任延伸制度也日渐完善，企业为了降低污染治理费用及污染处罚费用，减少废弃物堆放量，亟待解决自身的逆向物流回收问题。面对激烈的竞争和国家环保的强制性压力，企业该采取何种逆向物流运作模式成为首先需要面对的问题，以下就企业回收物流的传统回收模式、生产商自营模式、生产商联营模式和外包模式分别从优势、劣势、适用条件和应用四方面详细分析比较，以期对生产商的逆向物流决策模式选择提供依据。

3.2.1 传统绿色逆向物流模式

（1）绿色逆向物流传统回收模式及参与主体（见图 3-3）

就中国的情况而言，在没有强制性环保法律和生产者责任延伸制度约束的情况下，逆向物流涉及的主体主要有政府、生产商、消费者、回收商贩、拾荒者等。

①政府。政府通过设立市政和环保部门承担再循环和废弃物处置责任。

②生产商。生产商完全由于经济利益驱动被动承担回收责任，由于

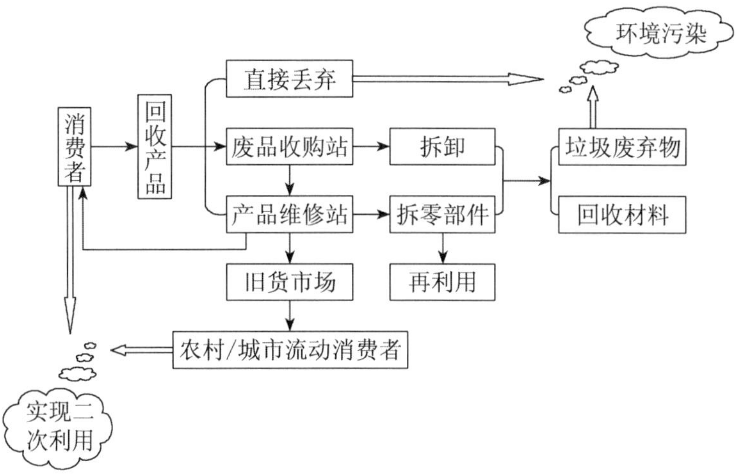

图 3-3　传统逆向物流模式

资源短缺问题日益严重，企业为解决原材料供应不足，降低生产成本，充分利用逆向产品中的零部件、回收材料，客观上被动地承担部分回收责任，但是仅限于有利可图的回收品。比如打印机回收，就是为了利用回收零部件，地毯回收就是为了利用回收材料等等。

③消费者。从表面上看，消费者似乎没有承担回收产品的责任，但是实质上消费者在要求企业回收他们的退货或者废弃产品时，所发生的回收处置费用是由消费者承担的，或者消费者在购买新产品时就已经付出了回收费用。这一部分是由生产商转嫁给消费者的回收责任。

④回收商贩。走街串巷的回收商贩，是中国目前最为常见的以经济利益为目标的回收群体，几乎在我们生活的周围，总能看到一些以三轮车、电动农用车、小型卡车等为运输工具的个体回收商贩，他们回收范围广泛，大到废旧冰箱、洗衣机、电视机、微波炉等，小到废旧纸板、报纸、旧书和饮料瓶等，这种便捷的上门服务是居民们最喜欢的清除家庭废旧电器和废弃包装物的方式，同时，回收商贩掌控着居民减少麻烦的心理，对回收品价格持主动权，一台淘汰的电冰箱回收价格只是二三十元，微波炉竟然五元就可以回收成功，然后他们将回收品贩卖给回收站、维修站、二手市场，获得更多利润，回收市场利润丰厚可见一斑。

⑤拾荒者。作为一个特殊群体，遍及城乡的拾荒者在环境保护中扮

演着重要角色，他们将带有残余价值的废铁、包装物、容器等收集起来，卖给回收商贩或者废品收购站。不仅自己能获得经济收入，更重要的是将很多自然无法吸收的白色垃圾回收，有效地保护了环境。

⑥无组织状态。在这种状态下，没有任何组织机构和个人对回收产品负责，而是直接将其作为垃圾进行掩埋、丢弃或者焚烧。

在各主体的参与下，回收产品通过一定的渠道从消费者手中进入废品收购站、产品维修站或者直接丢弃，其中进入废品收购站的部分性能较好的废旧产品也流入产品维修站，经过整修后再次进入二次消费阶段，其中大部分产品被农村消费者或城市流动人群再使用。其余无法再使用的废旧产品则经过拆卸后，有些零部件可再次使用，可以回收的作为原材料回收，最终无法利用的部分将进行处置。

（2）传统模式存在的问题

上述几种回收模式在生活、生产中纵横交错、兼而有之，虽然对回收品的利用和环境保护有一定作用，但是效果甚微。

①回收主体缺位（徐剑、张云里、金玉然，2005）。对回收产品利用的最大受益者——产品制造商没有承担回收产品的主要责任，处于逆向物流供应链的次要环节，呈现出一种主体缺位的状态。

②回收群体的短期行为。传统回收企业是一个以经济利益为中心的中间商，在产品的回收处理中，必然以利润最大化为中心，片面追求企业短期利润，随意处理没有经济价值的零部件，严重污染环境。

③逆向物流回收技术欠缺。逆向物流的社会性、分散性、复杂性等特点，决定了其运营的影响因素多、难度大。商品退货回收和再处理成本具有很大的不确定性，返回产品的运输、储存和再加工成本，会随返回产品的不同情况而变化，如翻新及再包装等再制造过程，包括拆卸、维修处理和组装三个相关子工序，比一般生产过程复杂得多（吕庆华、杨永超，2007），但是传统的回收群体由于没有专业的拆卸技能和设备支持，众多维修站也只是靠锤子、钳子、螺丝刀等简单工具进行维修和拆卸，不能做到经济性回收，不仅造成了资源的极大浪费，还导致大量有毒有害物质对环境造成严重污染。中国的一个电子废物拆解地——广州贵屿镇对国内外电子垃圾的家庭作坊式原始拆解和处理，造成空气、

土壤和地下水的严重污染，当地居民的健康受到严重威胁。这是一个沉痛的教训（赖芸，2006）。传统的回收模式距离我们大力提倡的循环经济模式、可持续发展的和谐社会还差之甚远，我们有必要深入探索逆向物流的回收模式，有效地循环利用人类资源，改善生存环境，走循环经济、可持续发展之路。

3.2.2 企业绿色逆向物流自营模式

大量的返回产品——保修和退货返回、商业返回、EOL返回等，尤其是EOL返回，是生产商进行逆向物流处理的主要对象，对于这些返回产品的处置问题，都由生产商作出决策。

逆向物流的自营方式就是指生产企业在原有的正向物流体系结构上，自行构建逆向物流网络系统，自己管理所生产产品的退货和废旧物品的回收处置工作，包括对回收产品的收集、检测/分类、再处理、再分销等各个环节的操作，直至将其送达再使用市场或者进行环保性废弃处置（见图3-4）。在这种模式下，企业建立了遍及本企业产品所有销售区域的逆向物流网络，以便回收各种回流物品，并将其送到企业的回流物品处理中心进行集中处理。在政府管制的条件下，这是生产者责任延伸的充分体现。

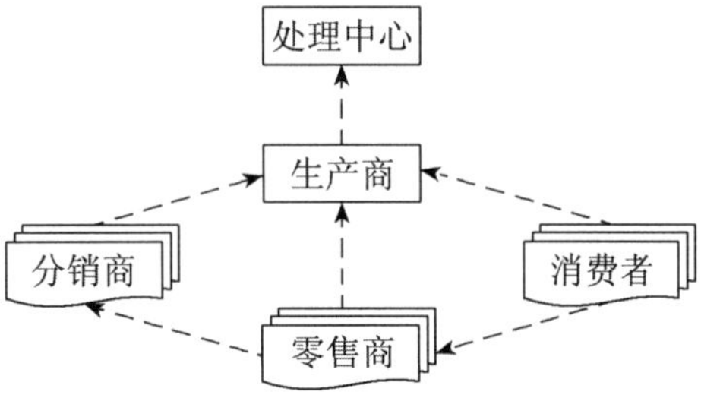

图3-4 逆向物流自营模式

（1）逆向物流自营的优势

和企业正向物流自营模式的优势一样，企业实施逆向物流自营模式能够有效控制供应链的各个环节；有利于企业盘活原有资产；节约交易费用；有效保守商业机密；增强企业品牌价值和知名度等等。逆向物流与正向物流相比的众多特殊性，导致企业逆向物流自营具有更明显的特殊优势，主要体现在对信息反馈的及时有效，对产品设计改进的辅助功能，对回收处理过程与正向物流的结合。

①逆向物流内部化，提高物流职能和效率。对企业原有的物流职能而言，企业逆向物流自营是将企业的物流职能内部专有化，通过成立专门的逆向物流职能部门，强化企业整体物流职能，提高企业产品在财务和信息处理上的效率。随着长期的发展健全，对物流知识不断累积，服务能力逐渐提高，这个逆向物流部门也可以演变成一个利润或者投资中心，可以在服务范围内，承揽社会上相关的物流业务，充分有效利用所属的资源，扩大利润范围，成为企业新的利润增长点。

②回收处理效率高。由于生产商只负责对自家产品的回收工作，回收产品的数量和种类有限，并且熟知回收产品的设计流程，从而提高了拆卸、修整、再利用的效率和准确性，避免回收中的破损情况，被拆卸的零部件在再利用中得以充分利用，实现了资源的再循环，同时充分利用正向物流中的销售渠道，有效地提高了回收效率，运输成本、产品调配和贮存成本等都能得到有效控制。

③信息反馈及时。与其他几种逆向物流模式相比，自营模式的信息反馈和产品改进的优势尤其明显，在回收产品的过程中，企业与客户直接交流，可以获得关于回收产品质量、数量和特性方面的第一手反馈信息，这些信息都是产品设计改进的重要依据，有助于企业对产品技术缺陷的及时了解，并在生产设计中进行改进，也是企业控制回收成本、减少财务风险的重要途径。

④与正向物流完美结合。就我国目前的生产企业来看，正向物流的主导地位成熟稳固，随着社会需求的逐步完善和顾客至上经营理念的深入，企业对正向物流产品的数量、质量、运输时间等方面的管理都非常有效，企业的逆向物流自营模式依托于完善的正向物流网络构建，不仅能充分有效地利用已有资源，还能与正向物流完美结合，实现二者的协调有效运作。

（2）逆向物流自营的劣势

①成本增加。逆向物流自营网络的构建，一定伴随着企业投资的增加，企业面临的首要问题就是成本增加了，专业化的逆向物流管理需要

专业化的管理人员、专业的设备投资，而处理产品的数量和种类又限于企业自身，设备利用率不高，从而产生了规模不经济，需要企业在回收处理中心的数量和运输成本之间作出合理决策，增加了逆向物流管理的难度。

②风险扩大。逆向物流自身的复杂性，也使得物流管理更为复杂，短期之内，企业面临投资回收的问题，运作正常后，可以看到回收利润。长期来看，投资的多元化会给企业带来更多风险，比如核心竞争力的分散，资金的周转、人员的分配等问题也会凸显，管理的难度和协调成本必然增加，风险也随之加剧。

③孤儿产品（Orphaned Product）遗留问题。产品的使用寿命都有一定的周期，尤其是回收利润较高、回收要求紧迫的家用电器等电子产品，使用寿命一般在5~15年。随着市场竞争的加剧，有些产品可能在使用期内生产商就倒闭了，残存下大量的待回收产品成为孤儿产品，对这些孤儿产品的处置是逆向物流自营模式的重大难题。

（3）逆向物流自营的适用条件

基于上述分析，企业自营模式的特点很鲜明，通常回收物品具备再利用价值比较高、专业性较强、法律限制严格的特点，主要针对产品退货和维修、问题产品召回、包装材料再循环、潜在环境威胁较大的废旧产品处置等。由于自营模式是一种高度专业化的经营模式，对管理人员、处理设备、管理方法都有独特的要求，高昂的投入需要企业具备强大的经济实力，对于能力甚微的中小企业而言这种模式不但不能见到成效，还很可能使企业的核心业务受到影响，所以这种自营模式对选择该模式的企业要求较高，对于经济实力强大，回收产品数量大、回收价值高、对环境潜在危害重大的企业，实施自营逆向物流很可能会成为企业的另一竞争利器，不仅能有效利用资源，增加利润收入，还能巩固企业的品牌信誉，强化无形资产（邓云霞，2004）。

（4）自营模式的应用

在国际上，一些著名的制造商例如IBM、戴尔、NEC、松下、东芝等电子生产企业已经建立了自己的逆向物流系统，并已经实施具体的产品回收业务；通用、奔驰、戴姆勒-克莱斯勒、宝马、福特、IBM、英特尔等世界著名厂商都曾有过召回产品的记录。在国内，产品召回的案例也不少见，以广州本田为例，2004 年 6 月 18 日，广州本田汽车有限公司向国家相关部门提出免费检修或更换燃油箱的市场措施报告。2007 年 3 月 19 日召回雅阁、奥德赛、飞度共 5 284 006 辆。据国家质量监督检验检疫总局网站消息，上海通用汽车有限公司向质检总局备案了召回计划，自 2014 年 3 月 24 日起，召回部分进口 2008—2013 年款别克昂科雷车型，生产日期为 2008 年 8 月 15 日至 2012 年 9 月 21 日。据该公司统计，在中国内地共涉及 24 021 辆。召回范围、数量之大，充分体现了厂家勇于负责任的正确态度，也从一个侧面体现该企业逆向物流回收系统的逐步完善（何玲辉、周根贵，2005）。

3.2.3 企业绿色逆向物流生产商联营模式

逆向物流的生产商联营模式（见图 3-5）是指生产相同产品或者相似产品的同行企业进行合作，成立联合责任组织，建立共同的逆向物流系统，由该组织为合作企业甚至非合作企业提供逆向物流服务。由于回收物品的处理需要企业具有相当大的经济实力、先进的技术设备和专业的管理人员，对于许多企业来讲是个沉重的负担，因此，作为同行企业完全可以像成立行业协会一样，建立一个面向整个行业的专门从事回收物品处理的联合责任组织，可以是合作各方共同出资，以合资的方式建立一个独立于各企业之外的专门机构，以合作契约的方式为各合作方甚至行业服务；也可以由各合作方协作，分别调集人力、物力、财力共同筹建。联合责任组织可以通过建立自己的逆向物流系统，直接对各个生产厂商负责，或者借助社会已有的资源，如专业运输公司、回收站、维修站等，利用契约方式组织逆向物流产品的回收，总而言之，是生产商联合体对各个合作企业的回收物品负责，作为生产商不必直接参与回收处理工作。

（1）联营模式的优势

①规模经济。生产商联营模式较自营模式具有明显的规模经济优势，生产商联合体回收处理的产品属于同一行业，产品相似度高，处理批量大，对于收集、检测、分类、维修、处理等流程都可以进行规模化

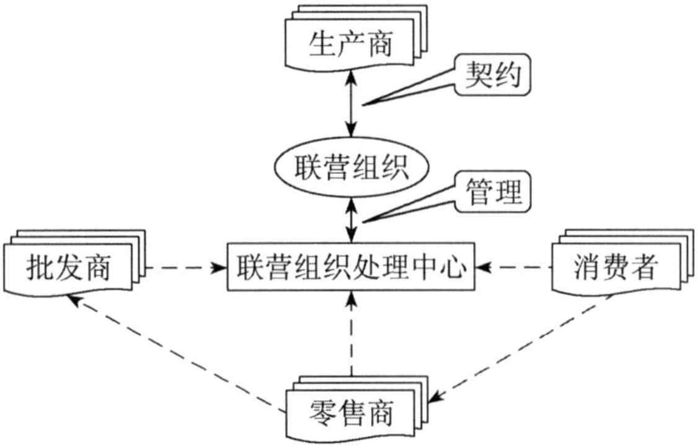

图 3-5　逆向物流联营模式

管理，对于相似产品的拆卸零部件及回收材料的利用率也明显提高。

②节约成本。由生产商联合体统一负责产品回收，可以建立更少的回收中心和维修站，有效地减少了回收物品的中间环节，节约了运输成本，回收产品的批量大，可以使回收处理人员和设备得到充分利用，有效地提高了回收效率。

③利于回收技术改进。在行业内部统一专业化的回收，利于对整个行业回收处理技术的发展与改进，在不断的回收处理中积累经验，也有助于对产品设计的改进。

④有效解决孤儿产品问题。这种回收模式很好地解决了“孤儿产品”的遗留问题，由于在生产商联合体最初的组建中，对回收产品的成本及利润分配都会作出约定，即便在运行过程中有些生产商不幸倒闭，导致“孤儿产品”出现，生产商联合体也会对该产品负责，使其有“家”可归，并对其进行有效的回收处理工作，能够做到生产者责任的可持续。

⑤解决实力薄弱小企业的难题。对于小规模生产商，自营模式显然不可取，联营模式却能解决小生产商面临的诸多难题。在联营模式下，小生产商只需加入生产商联合组织，就能共享联合体庞大的专业化资源，和大规模生产商一样，有效地进行产品回收，降低了进入逆向物流领域的门槛。

（2）联营模式的劣势

①成本利润分配。对于生产商自营模式，生产商只对自家产品进行

回收，回收的成本即是对物品处理的真实成本，然而，在生产商联营模式中，成本是一个很复杂的问题，在生产商联合体建立之初，就会面临各个合作生产商应该如何分担逆向物流回收费用的问题，各个合作企业应该以什么标准分担成本？该如何对这个逆向回收网络进行设计？回收产品的利润如何合理分配？许多问题都会随着这个独立组织的出现而出现，而且，生产商联合体对该行业回收物品的垄断，更给成本和利润分配信息的反馈造成负面影响。这些问题该如何解决是联营模式目前的困境。

②价格垄断。生产商联合体独自处理回收产品，对回收产品的价格具有绝对控制能力，这对各个联合体成员很不利，如果联合体规定各厂商的利益分配，该如何避免联合体对回收价格的垄断？没有一个合理的系统可以对成本控制进行准确、及时的反馈，各成员也做不到对联合体的成本辨识、监督或改进。

③信息共享方面。一方面，在生产商联合体中，处理的回收产品虽然属于同类，但是各生产商都有自己的技术机密，这可能关系到厂商的竞争优势，因此，这些信息很难给生产商联合体共享，相应地增加了生产商联合体拆卸、修理、再利用等的难度；另一方面，生产商联合体在回收处理中对产品设计不足等问题的发现，也很难逐个反馈给各个生产商，不利于厂商对产品的技术改进。

④难于做到闭环再循环。回收产品由联合体负责回收处理之后，很难像自营模式那样再次进入相同产品的再利用和再制造，大大降低了回收资源的利用效率，不能形成产品的闭环回收网络。

(3) 联营模式的适用条件

之所以建立联营模式，就是为了解决单个厂商资金实力有限、人力资源贫乏、技术能力欠佳的问题，所以生产商联营模式不仅适合于大规模制造商，对实力薄弱的小企业来说也是不错的选择。联合体拥有单一厂商不具备的资源优势，对生产和消费后的废旧产品消化能力很强，可以是废旧家电、家具、大型包装工具等，也可以是金属制品、塑料制品、橡胶制品等，还可以是纸张、玻璃、矿渣、加工废料等。联营模式适合行业集中度较高、销售使用范围广泛、自营模式难于收集处理、物品运输困难、废旧产品丰富、集中处理效益明显、潜在环境危害巨大的行业。联合体回收之后，可以将能够再次使用的产品送达二手市场，拆卸后的零部件再使用，报废的材料作为生产商的原料供应，对环境有危害的重金属、塑料、废渣、污水等进行集中处理，有效缓解人与自然的环境压力。

（4）联营模式的应用

在日本，电视机生产厂家索尼联合三菱电机、日立制作所、三洋电气、夏普、三井物产等15家公司在爱知县名古屋市成立了Green Cycle（绿色循环）家电再商品化公司，共同建立了一种低成本、高效率的家电再循环系统。通过大企业间的合作，充分发挥各自的技术优势，Green Cycle公司是一家典型的生产企业联合建立的逆向物流企业，家电生产企业通过回收网络为其回收废旧家电，然后通过联合的处理厂来处理这些废旧家电。联合逆向物流体系不仅可以降低各合作企业在技术和设施方面的投资，容易实现规模经营，还可以给各企业带来廉价的生产原料。对社会来说，这种联合的逆向物流不仅实现了废旧家电的回收处理，避免环境遭受破坏，又实现了废旧物品的再资源化，使资源得以循环利用。在国内，摩托罗拉、三星、诺基亚、海尔等7家国内外手机厂商联合有关机构，于2005年在北京发起"移动电话环境保护行动"，承诺将对污染环境的手机及配件进行回收处理。或许，这会成为国内企业联合建立逆向物流系统的开始（胡继灵、张志文，2005）。

3.2.4 企业绿色逆向物流外包模式

逆向物流的外包模式（见图3-6）是指生产商在产品销售之后，本身不直接参与对回收产品的回收工作，而是通过契约形式将产品的部分或全部回收业务以转让价的方式委托第三方逆向物流企业负责实施。第三方逆向物流企业可以选择多种方式对回收物品进行处理，如直接交给原来的生产商，转交给专门的第三方生产商，或者自己承揽所有的处置任务。

（1）外包逆向物流的优势

①节约成本。随着生产企业规模的不断扩大，参与营销活动的费用

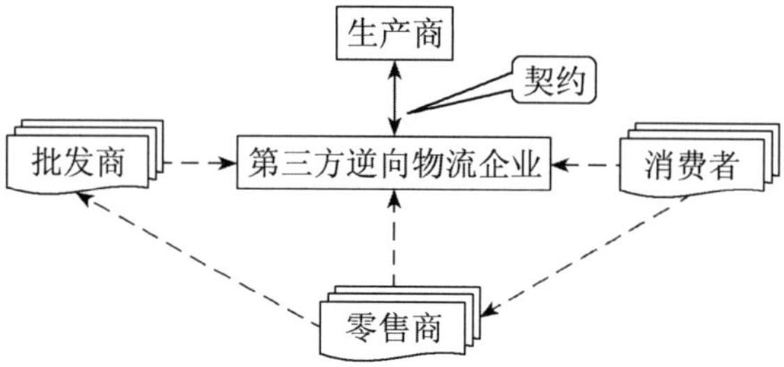

图 3-6 逆向物流外包模式

会相应骤增，利用第三方逆向物流企业解决逆向物流问题，可以通过各环节能力的高效利用实现费用节约。譬如，第三方逆向物流企业通过组织客户群开展共同运输，实现物流集约化、效率化。美国田纳西大学、英国 EXEL 公司和美国安永咨询公司共同组织的一项调查显示：很多货主表示，使用第三方逆向物流使他们的物流成本平均下降了 1.18%，货物周转期从平均 7.1 天缩短到 3.9 天，库存降低了 8.2%（陈丽萍，2006）。

②集中精力致力于核心业务。对于大多数企业来说，逆向物流还是新的挑战，鉴于目前理论研究的深度和企业实践水平，众多企业对逆向物流的管理还没有系统有效的方法，由于竞争压力的加大和经济活动的全球化与区域化，企业不得不专心于自己的核心业务。把非核心领域外包给其他专业企业，由它们进行有效的管理，不但不会影响企业的正常业务，而且企业可以全心投入核心业务的拓展，在激烈的市场竞争中巩固地位。外包已成为企业提高竞争力最重要和最有效的战略手段之一。3M 公司自 1996 年起就将逆向物流业务外包给了两家物流服务商，委托它们处理由零售商及企业用户退回的约 50 000 件商品。

③第三方逆向物流企业可以提供专业的服务。第三方逆向物流企业能把逆向物流活动做得更好，成本更低廉，因为它们拥有完备的物流网络、先进的物流运营经验和管理体系，以及先进的物流技术手段和设备。例如，它们可提供针对退货过程的仓储服务，对退货产品根据客户的需要进行修理、处置或退回制造商。另外，外包逆向物流过程使质量保证也得到了更好的落实，这些第三方企业的逆向物流管理信息系统通常可让企业利用计算机进行产品跟踪。通过跟踪获得的信息也是进行营

销研究的重要资源，企业可以使用这些信息做更有效的决策，以便进一步降低退货率，加强管理。

④提高抵御风险能力。投资逆向物流系统的建设，逆向物流回收处理中心的建设、处理设施的配置，以及信息系统的研究和开发等都需要大量的资金，并且资本回收周期很长，显然要承担巨大的风险。运作逆向物流业务对企业的生产能力、物流技术、信息技术、人员素质、组织结构等方面提出了更高的要求。这对于中小企业来说，无疑面临巨大的风险。如果外包逆向物流，显然可以将风险分散，提高自己的抗风险能力。对于供应链上的企业合作伙伴来说，上游企业采取宽松的退货策略，能够降低下游客户的经营风险，改善供需关系，增进双方的互相信任，促进企业间战略合作，强化整个供应链的竞争优势。

（2）外包逆向物流的劣势

①外包业务决策困难。外包逆向物流时，企业面临的首要问题便是决策何种业务外包，外包退货物流还是废弃物物流，抑或是将所有逆向物流业务都外包，这就要求企业彻底明确自身的核心竞争力和利润点，以对企业最有利的方式解决逆向物流问题；否则，有可能导致商业机密外泄，市场占有率缩减的危机。

②供应商的选择。在信息不对称的情况下，企业运用什么样的方法选择逆向物流供应商，以什么样的价格转让逆向物流业务，如何应对外包风险，这些问题都有待解决。

③信息共享复杂。按照信息经济学的理论，在物流外包活动中，生产商和第三方物流服务商之间形成委托-代理关系。生产商委托人在选择第三方物流服务商代理人时，第三方物流服务商为了获取业务会隐瞒部分信息，而这些信息很可能是对企业不利的，导致企业选择了并不适合自己的外包服务商。在签订合约后，企业不可能全面、细致地了解外包业务运作的全过程，第三方物流服务商可能采取一些不利于外包企业的行为，从而损害企业的利益，表现在外包服务的不及时或者外包服务质量的降低。同时，第三方物流服务商为了有效回收和处理逆向产品，必然需要生产商给予足够的关于产品设计和材料方面的信息，这些信息有些可能是产品机密的致命信息，生产商出于保密等因素的考虑，一般

不会将所有的信息提供给第三方物流服务商，只进行适度共享，而有些信息往往是非常必要的，这就导致外包服务商在提供物流服务时，只能通过所获得的有限信息为企业提供服务。这种相互之间的信息不对称，会造成合作效能的降低。

④监管困难，容易造成生产商失控。逆向物流业务外包之后，生产商对第三方物流服务商的掌控难度加大，比如顾客手中的产品是否被第三方物流商有效回收和处理，在执行外包服务过程中是否达到客户满意，对回收物品的处理是否科学合理等等问题，作为第三方物流服务商，对生产商进行各种欺瞒必然存在，生产商该如何有效控制是一大难题。特别是当外包出去的物流业务具有战略意义时，失去对物流的控制意味着企业失去对一些产品或服务的控制，从而增加了企业正常生产的不确定性。企业在物流外包过程中可能由于丧失对外包的控制而影响整个业务的发展。

⑤难于做到闭环再循环。和联营模式一样，回收产品很难像自营模式那样，再次进入相同产品的再利用和再制造，大大降低了回收资源的利用效率，不能形成产品的闭环回收网络。

(3) 外包模式的适用条件

外包模式适用范围广泛，不仅适用于企业资金实力薄弱、规模较小的中小企业，对于实力雄厚的大型企业，某些业务外包也可以节约成本，产生巨大的经济效益。外包逆向物流适用的行业广泛，大到家电、家具、汽车、重型机械等，小到日用百货、食品、酒类等，还可以是废水、矿渣、工业废料等。零散的企业难以做到的规模经济，在第三方逆向物流专业服务中可以很容易地实现。据统计，购买逆向物流外包服务的企业每年能够降低10%的物流成本，而对于高新技术企业来说这个比例更高。

(4) 外包逆向物流的应用

外包逆向物流在国外电子垃圾回收的应用中已经初见成效。电子垃圾中的成分较复杂，既含有普通的金属铸件和塑料，又有特殊元器件和贵重金属；既有许多可重新利用的再生材料，又含有一些对人体健康和环境有害的物质。因此，处理电子垃圾不仅工序复杂，而且需要专门技术。近些年，专门从事电子垃圾处理的公司在芬兰应运而生。目前，在芬兰全国每年回收利用的2万吨家电和电子垃圾中，50%是由芬兰库萨科斯基公司进行分类加工处理的。该公司成立于1914年，最初以回收利用工业金属垃圾起家，目前在芬兰全国各地有17个垃圾回收站，负责回收各种电子垃圾和金属垃圾。同时，库萨科斯基公司专门为大量使用电子设备的客户提供全套电子垃圾回收处理服务。根据不同客户的需求，制订电子垃圾回收计划并签订回收协议，定期到这些公司、机构及政府有关部门回收电子垃圾。库萨科斯基公司还对所提供的服务进行监督，必要时向客户提供有关报告以及已处理电子垃圾的证明（赵长春，2003）①。

随着电子商务的发展，人们可以足不出户地购买各种商品，但是随之而来的退货问题也骤增，英国邮政先声夺人，推出的逆向物流服务得到众多商家的青睐。2007年在世界500强和行业领先企业较大标的物流招标中，英运物流（EXEL）和近铁（KWE）中标美国英特尔公司亚太地区运输、仓库管理、配送业务；伯灵顿（BAX）中标美国APC公司在全国的运输、仓库管理、配送业务；DHL中标博世公司的国际运输、进口清关、国内配送。第三方物流在供应链中的地位日渐加强。在国内，以拥有淘宝网的阿里巴巴为代表的电子商务企业和建立电子商务交易平台的消费品等生产企业逐步意识到，在支付安全性问题解决后，物流已经成为阻碍电子商务快速扩展的“瓶颈”。为了改善服务、提升效率和效益，阿里巴巴在国内众多的物流企业中选择了网络和服务较好的中国邮政，并于2006年11月正式战略签约。电子商务网站与物流企业的结合，预示着物流在电子商务发展中的作用将越来越突出（郑文华，2007）②。

3.2.5 各种运作模式的比较

通过上文对三种逆向物流运作模式的分析，很容易看到各种模式的优势、劣势和适用条件，对于各种模式的特点总结见表3-1。

① 赵长春. 芬兰科学回收利用电子垃圾［N］. 市场报，2003-11-07.
② 郑文华. 第三方物流前程无限［N］. 现代物流报，2007-03-22.

表 3-1　**逆向物流运作模式比较**

比较项目＼运营模式	自营	联营	外包
物流成本	最高	较高	较低
运作规模	适中	大规模	小规模
专业化程度	取决于生产商	取决于再制造商	取决于再制造商
竞争优势	生产商有决定权	由联营组织垄断	生产商拥有选择权
成本敏感性	由回收品直接反映	难以明确	由市场变化决定
财务风险及可靠性	生产商承担	联营组织承担	保险业及第三方承担
闭环循环的可能性	容易	一般	不易
孤儿产品问题	无法解决	可以解决	可以解决
产品类型	自身生产的产品	同行业产品	产品范围广泛
信息反馈	及时、迅速	不畅、延迟、失真	通过契约获得
产品设计改进	容易	一般	不易

当然这三种模式都是理想状态，真正在企业实施过程中可能互相交错，比如对于企业自身影响较大的逆向物流业务自营，无关痛痒却投资巨大、处理难度大、难于形成规模的业务外包，难于独立承担却利润丰厚的可以联合其他同行进行联营等等，企业可以通过综合考虑自身条件、市场环境、法律约束、社会效益等各方面因素进行科学合理的决策，选择最适合自己的模式。

关于逆向物流的运作模式研究一直是学者和业界关注的问题，逆向物流模式选择适当与否关系着企业逆向物流实施的成败，尤其是生产者责任延伸及循环经济大力发展的今天，逆向物流已经是企业不可逃避的现实，关于怎样科学合理地选择逆向物流运作模式将是后文重点讨论的问题。

3.3 企业绿色逆向物流决策指标体系的构建

3.3.1 评价指标体系构建的原则

评价指标体系是由被评价对象的目标及衡量这些目标的指标按照其内在的因果和隶属关系构成的树状结构。指标的名称和指标值是指标质和量的规定。一般情况下，指标体系是一个递阶层次结构。为了全面、真实地反映被评价对象的价值的构成，并使评价指标体系便于操作运算，建立评价指标体系时应遵循下列原则（宋玮玮，2003）：

（1）系统性原则

综合评价的指标体系，一方面要尽可能完整、全面、系统地反映被评价对象的全貌，另一方面又要力求抓住主要因素，突出重点，而不是面面俱到。我们虽然强调指标体系应该全面、系统，这样我们就可以从不同侧面了解某项功能的运营状况，但是过多的指标会使整个评价变得繁琐和模糊，而且有些指标可能反映的特征是相似的，存在一定的替代性，这样有些指标的选取可能就没有意义。因此，应选择那些有较强代表性的指标，能综合反映逆向物流决策影响因素，并减少工作量，提高工作效率。

（2）科学性和实用性原则

指标体系应能正确反映评价对象各构成要素的因果、主辅、隶属关系及客观机制，在满足完备性要求的前提下，指标的设置应力求简练、含义明确和便于操作。

（3）互斥性与有机结合原则

指标体系中应排除指标间的相容性，消除重复设置指标而造成评价结果失真的不合理现象。不应出现过多的信息包容、涵盖而使指标内涵重叠，但指标完全独立无关就构不成一个有机整体，因此，指标之间应有逻辑关系。

（4）动态与稳定性原则

为了进行综合的、历史的比较，指标设置应是静态、动态相结合，并具有相对稳定性，以便借助指标体系探索系统发展变化的规律。

(5) 可比性原则

综合评价的目的是对方案进行鉴别，选择最优方案。因此，方案比较必须建立共同的比较基础和条件，符合可比性原则，主要包括满足需要的可比、消耗费用的可比、价格的可比和时间的可比等。

建立指标体系除遵循上述原则外，还应遵循定量指标与定性指标相结合原则、绝对量指标与相对量指标相结合原则、直接效益指标与间接效益指标相结合原则。

3.3.2 企业绿色逆向物流决策指标体系

基于前文所述，尤其是对国内外关于企业逆向物流指标体系构建的研究发现，多数研究主要以企业的效益为主要评价指标，重点从企业的经济效益、运作逆向物流的成本、对企业自身发展的利益、竞争压力等维度分析企业逆向物流的决策指标。随着国家立法的强制性约束和社会公众环保意识的提高，分析企业绿色逆向物流决策问题需要以更广泛的角度，更符合循环经济和可持续发展思想的指导为准则。因此，本书将从经济效益、企业学习与成长、外部压力、法制约束、社会责任五个维度建立决策指标体系，并且对能够严重影响环境保护、资源节约和再利用的社会责任和法制约束两个维度的指标，赋以更大的权重，更切合实际地探讨企业绿色逆向物流的决策问题。所建指标如图 3-7 所示，并且详细解释了各指标所代表的含义。

(1) 经济效益

经济效益主要是从财务角度而言，是指逆向物流怎样迎合财务目标，做到减少浪费、节约成本和重获价值。有效的逆向物流有助于从使用过的产品、零部件及原材料中恢复价值。逆向物流也可以节约成本，合理选择逆向物流的产品恢复方式和运作方式，可能为公司从供应链系统中寻找到新的利润来源。经济利益的驱动已经成为公司或企业从事逆向物流实践的一个重要因素。

①初期投资成本。实施逆向物流远比正向物流复杂得多，它需要回收拆卸处置等诸多专业技术和设备，前期投资巨大，包括新建回收处理

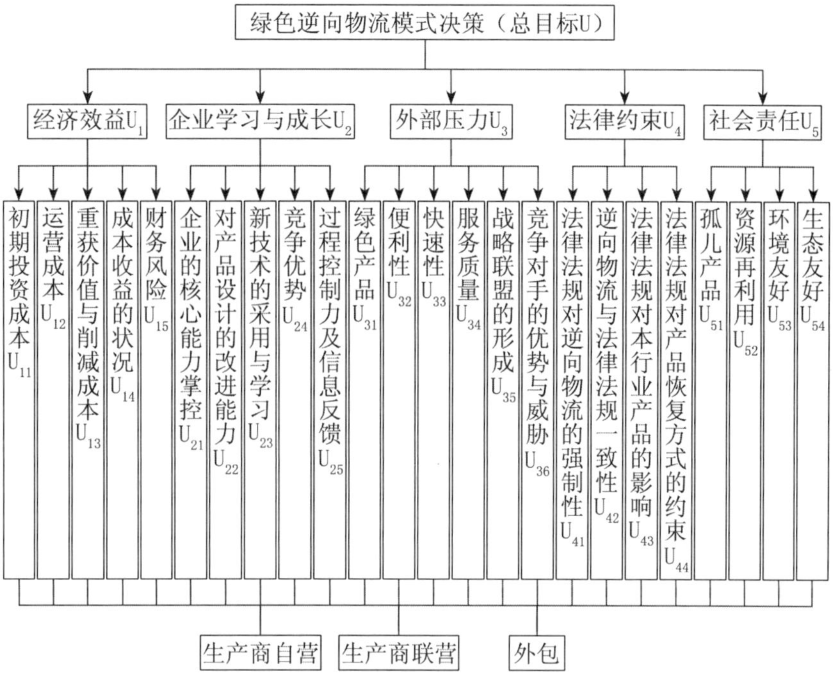

图 3-7　绿色逆向物流模式决策指标体系

中心，或对原有配送中心进行改建或扩建的成本以及对逆向物流相关设备的配置成本。

②运营成本。运营成本包括购买运输服务/自有运输成本、仓储成本、包装成本、物流人工费用、生产启动费用、收集成本、处置成本等逆向物流运营过程中所产生的成本。此外还包括对合作伙伴或外包商进行选择、评价以及交流、监督管理等方面的交易成本。

③重获价值与削减成本。企业通过形成闭环供应链，从产品或零配件再使用中重新获取这些物品的价值。对于一些可再用的材料和资源的回收利用，如果企业形成闭环生产系统，无疑会为企业的生产节约大量投入成本。调查显示，比起制造全新产品，实行产品回收再制造的企业只需 40% ~60% 的成本即可实现相同产品的制造。

④成本收益的状况。实施逆向物流前期投资巨大，需要专业的技术、设备和人力资源等条件，若缺乏这方面的专业技术和人才，逆向物流活动很难得以开展，而在不太重视逆向物流的今天，这是企业的一个

相当薄弱的环节。同时，回收产品数量、质量的不确定性及回收工作的复杂性也无疑增加了企业的回收成本，企业应进行细致深入的成本收益分析，看该项活动的实施是否有利于提高企业的经济效益。同时，对于少量已进行一定逆向物流活动的企业来说，还要充分考虑到由自营回收体系转向联营、外包模式时产生的转换成本的高低。

⑤财务风险。对于生产企业运作逆向物流来说，主要的财务风险在于投资风险与销售风险。投资风险指由于许多不确定因素的影响，致使投资报酬率达不到预期的目标而发生的风险。另外，由于市场竞争的加剧，生产企业大都承诺接受顾客退货，再加上需求的不确定性，生产企业面临的积压库存风险进一步增大，这就产生了销售风险。财务风险的大小和承担者也应列入生产企业选择逆向物流运作模式时的考虑因素。

（2）企业学习与成长

①企业的核心能力掌控。企业在进行逆向物流运作决策时，首先要考虑回收逆向物流的子系统在企业整体格局中的战略重要性，确定是否构成企业的核心竞争力。一般可以从以下几个方面进行判明：

第一，是否高度影响企业的业务流程；

第二，是否需要相对先进的技术，采用此种技术之后能否在同行业中保持领先地位；

第三，在短期内是否会被其他企业模仿；

第四，逆向物流的实施是否将使企业的核心能力得以提高并产生竞争优势。

如果得到肯定的回答，那么就能判定回收逆向物流子系统在战略上处于重要地位，企业应采用自营方式，以保证价值链上下游的稳定性和企业生产的稳定性，提高企业的作业效率，保持行业领先地位。但对我国大部分企业来说，逆向物流还不是企业的战略重点，对于那些无力进行逆向物流系统投资建设的中小企业而言，逆向物流外包就显得尤为重要，对于大型企业，为了集中精力形成核心竞争力也非常有必要将部分或全部逆向物流活动外包。目前国际物流巨头如 UPS、联邦快递等公司已经进入我国并专门提供逆向物流管理服务，第三方逆向物流已经成为逆向物流发展的趋势。

②对产品设计的改进能力。不同的逆向物流模式，由于回收和分解活动的承担者不同，对企业改进产品设计的驱动程度是不同的。例如，自营模式下所有的逆向物流相关的回收、分解、处理等成本和费用都由企业独自承担，为减少逆向物流成本，企业会不断对产品设计进行更新和改进；而对于其他模式的企业来说，在产品的设计过程中更多的是考虑如何实现高效的装配过程，对于产品回收和可分解性设计的考虑比较缺乏。产品回收能力指生产商（及其合作伙伴）提供尽可能多的诸如修理、再制造、再循环等回收方法的能力，从而获取尽可能多的潜在经济价值和生态价值，减少最终浪费。

③新技术的采用与学习。逆向物流的运作是否有利于企业采用新技术，比如整合了环境管理理念的可拆解的设计和生产技术，例如施乐公司就采用了这种新的产品开发技术。

④竞争优势。逆向物流的运作可以成为分销商创建竞争优势的因素，而不同的运作模式在竞争优势中的作用点也不同，企业要考虑的是这些不同的作用点是否可以持续地发挥作用并不断创造新的顾客价值。

⑤过程控制力及信息反馈。生产商是否能了解、掌握和控制逆向物流的整个过程，包括原因、处理方法和去向等。例如，在外包模式下，生产商与外包服务商是相对独立的主体，即使信息流动畅通，生产商对逆向物流运作过程的掌握控制程度也没有自营方式高。逆向物流信息包括回收产品的原因、质量、数量、成本、地点、处理方法等，不同逆向物流模式对信息反馈的时间及质量等存在差别。产品回收信息的及时准确反馈有利于生产企业获得关于产品质量、顾客反馈和市场营销方面的第一手资料，进而对逆向物流进行预测、准备，以及选择进货渠道和商品，制定合理的产品生产策略等。

除了上述几类指标以外，分销企业在选择逆向物流运作模式的时候，还要考虑其他一些方面的因素，例如分销企业的规模和实力、逆向物流业务在分销企业中的战略地位、分销企业本身所经营商品的物流特点和物流方面的优劣势等。

（3）外部压力

从竞争角度分析，来自外部竞争的压力促使企业通过提高效率，在逆向物流运作中持续为客户创造更多价值。比如，与供应商建立伙伴关系，引导它们建立对环境友好的管理系统来提高运作绩效。另外，专业新技术也是逆向物流成功实施的必要因素。对逆向物流运作而言，持续的创新和学习过程也是必需的，需要分析所处的竞争环境、协调供应商、应用新技术来更好地实施逆向物流管理，主要考虑客户和竞争对手两方面。

从客户角度分析，来自客户需求的压力导致逆向物流管理，客户对逆向物流运作的期望也在提高。特别当客户有较强的环境保护意识时，逆向物流管理对企业产生竞争优势而言是非常必要的。成功的逆向物流运作依赖于客户、当地政府以及供应链执行者的共同参与和协调。客户需求是逆向物流管理重要的驱动力，逆向物流直接影响着客户服务和满意度。

①绿色产品。企业（及其合作伙伴）能否向顾客（包括个人消费者、公众、政府）提供环保、节能的产品，使用对人体无害的材料进行生产，改善环境污染，以符合当今生态经济趋势。

②便利性。顾客返回商品的便利性是影响顾客满意、反映企业逆向物流客户服务水平的最重要因素。便利性指的是顾客在返回商品过程中花费的时间、精力和资金成本较少，商品回返的门槛比较低，过程也比较容易操作。据市场调查公司 Harris Interactive 对顾客网上购买行为的调查，90% 的被调查者称网站方便的退货政策和退货程序对于他们作出购买决策起着重要作用，95% 的被调查者称这很可能会促成他们再次到该网站购物，85% 的被调查者称如果退货条款不方便的话，他们很可能不会到该店购物[①]。可见，方便的退货政策对于在线商家的生存具有举足轻重的作用。

③快速性。影响顾客满意和客户服务水平的第二个因素是顾客能够取回全部或部分退款或获得更换商品的快速性。顾客希望在退回商品的同时，或者至少在一个较短期限内，就能收回自己所应得的退款或商品。因此，分销商必须在这方面建立一个退换货的资金结算机制，使得

① 胡宝介．电子商务重视商品退货政策［DB/OL］．（2003-12-18）［2014-04-30］．http：//www. emarketer. cn.

既满足快速性，又不至于对企业的财务方面造成过大的成本与风险。

④服务质量。逆向物流服务质量包括是否有专业人员提供咨询等服务，是否能够对顾客的要求及时、准确地进行处理，从事逆向物流业务的有关人员是否专业，是否具有一般的客户服务质量标准等，分销商为顾客提供的逆向物流服务的纵深，即在某个业务上顾客得到的服务整合的程度。这需要分销商及其合作伙伴不断探求顾客潜在需求并使之得到满足。这些都是创建顾客满意和顾客忠诚的重要因素。

从竞争对手角度分析，处于市场竞争中的企业，时刻都面临着来自各方的压力，与竞争对手的合作与学习也必不可少。

⑤战略联盟的形成。许多企业都意识到，无论从经济角度还是环境角度看，单个企业在逆向物流中的作用都是比较微小的。因此，很多企业开始寻求与供应链上或行业内的其他成员合作，从全局战略的角度提高逆向物流的运作效率。

⑥竞争对手的优势与威胁。随着同质产品在质量和价格上差距的缩小，许多企业迫于竞争的压力，通过实施逆向物流战略来超越竞争对手，提高竞争优势，对于那些尚没有开展逆向物流的企业来说，通过对竞争企业逆向物流实施情况的调查和了解，既可以从它们的成功和失败中吸取经验和教训，也可以通过差距分析，找到自身的优势和不足，在开展逆向物流时发挥优势，避免不足。

（4）法律约束

从法律法规的强制性角度分析，为了迎合越来越严厉的环境法规要求，企业不得不涉足逆向物流管理，决定逆向物流在哪些领域执行、应关注哪些关键业务，以及执行的深度和广度。通过分析当前逆向物流业务与法律法规要求的一致性以及未来环境法规对本行业和产品的影响，企业将作出最优的逆向物流运作决策①。

中国的《循环经济促进法》包括：循环经济规划制度，鼓励、限制、禁止的名录制度，循环利用产品的优先准入制度，生产者责任延伸制度，循环经济绩效评价与考核制度等。

---

① 胡宝介．电子商务重视商品退货政策［DB/OL］．（2003-12-18）［2014-04-30］．http：//www. emarketer. cn.

《循环经济促进法》规定了利用和处理废物的基本顺序、再生资源回收利用企业资质认定、再生资源回收利用经营管理、废旧汽车及机电设备回收、废旧家用电器回收、生活垃圾及废旧物品回收、资源性产品定额、服务业消费品节约使用、可持续消费等内容，还重点突出了节能、节水，实行能效标识制度，对高耗能、高耗水行业实行定倾管理，并要求推进资源循环利用，鼓励科学的生产和消费方式，实行生产者责任延伸制度。

①法律法规对逆向物流的强制性。某些国家的法律规定很可能对逆向物流具有很大强制性。比如，早在 1972 年，美国国会通过的消费品安全法案（Consumer Product Safety Act）授权消费品安全委员会（Consumer Product Safety Commission）制定强制性的产品安全标准，其中规定了企业必须保证消费者的某些知情权。例如，消费品安全委员会可以要求制造商召回产品以进行维修、更换或销毁。不执行该要求可能导致民事赔偿或刑事处罚。这些仅仅是公开的法律行动。许多企业认识到对缺陷产品管理不利将导致企业声誉受损，并可能招致法律诉讼。关键是如果企业没有预见到产品召回的可能性，那么经营风险会比以前更高。

②逆向物流运作与当前法律法规的一致性。很明显，与法律法规一致的逆向物流运作会得到政策的支持，反之，会被法律法规强制取缔。国务院办公厅下发的《关于限制生产销售使用塑料购物袋的通知》指出，鉴于购物袋已成为“白色污染”的主要来源，今后各地将实行塑料购物袋有偿使用制度。自 2008 年 6 月 1 日起，在所有超市、商场、集贸市场等商品零售场所实行塑料购物袋有偿使用制度，一律不得免费提供塑料购物袋。如果不重视这些法律法规，必然会招致法律处罚。

③法律法规对本行业产品的影响。有些时候国家会出于资源与环境因素考虑，用法律法规强制性限制某些行业的不规范操作，例如药品的制造与回收管理。

④法律法规对产品恢复方式的约束。《废弃电器电子产品回收处理管理条例》已经于 2008 年 8 月 20 日国务院第 23 次常务会议通过，自 2011 年 1 月 1 日起已经开始施行。为规范废弃电器电子产品处理基金

征收使用管理，根据《废弃电器电子产品回收处理管理条例》（国务院令第551号），制定《废弃电器电子产品处理基金征收使用管理办法》。该《办法》于2012年5月21日由财政部、环境保护部、国家发展改革委、工业和信息化部、海关总署、国家税务总局以财综〔2012〕34号文印发。《办法》分总则、征收管理、使用管理、监督管理、法律责任、附则共6章39条，已经于2012年7月1日起执行。近年来，我国不少试点企业通过发展循环经济，在实现企业发展规划目标的同时，能源、水、原材料消耗基本上不增长甚至负增长，有的还实现了废渣、废水的“零排放”。

（5）社会责任

涉及企业的社会责任，重点考虑的就是社会废弃物减少、环境友好、绿色产品等问题。从经济效益和社会效益相结合的角度而言，由于废旧产品的回收中只有很少部分活动是有利可图的，因此企业必须对逆向物流中的每项活动进行周密的计划，精心实施，确保企业良好的财务状况，从可持续发展的观点出发，通过使用生命周期评估方法、环境会计方法等帮助企业识别需要改进的地方，不仅有利于企业减少成本，同时又避免了潜在的环境法律的责任。

①孤儿产品。孤儿产品问题的解决与否直接关系到企业生产者责任延伸执行的程度，不同的逆向物流运作决策模式对孤儿产品的处理结果截然不同，在运作模式中已有所分析，因此，孤儿产品是企业在生产者责任延伸制度实施与否的情形下决策运作模式的一大要因。它决定着企业承担社会责任的效果。

②资源再利用。有的逆向物流回收模式能更好地处置已使用资源，提高对资源的有效再利用效率和质量。

③环境友好。在公众的环保意识日益增强、环保法规约束力被不断加大的背景下，实施逆向物流计划，选择更加合理的逆向物流决策模式，能使生产者承担产品废弃后的回收利用责任，并能促使生产者更加关注其产品设计和使用阶段的环境友好性。

④生态友好。逆向物流系统是建设循环经济体系、实现生态友好的关键，按照生态循环体系的客观要求，通过清洁生产、市场机制、社会

调控等方式，促进物质资源在生产与生活中循环利用。以资源的反复利用为核心，依托于科技进步，以促进经济、环境与人类社会的协调发展为最终目的，循环经济在清洁生产企业、生态园区和循环型社会三个层面的互相作用中遵循减量化、再使用和资源化 3R 原则，以法律政策、经济制度和技术等三个支撑体系为主要依托，引领人类走入生态文明社会。

3.4 本章小结

本章分析了逆向物流的活动内容，在此基础上，就企业回收物流的传统回收模式、生产商自营模式、生产商联营模式和外包模式分别从优势、劣势、适用条件和应用四方面详细分析比较，依据评价指标体系的构建原则，分析国内外学者的研究经验，建立了一套科学合理的逆向物流决策指标体系，为逆向物流决策的选择提供依据。

第 4 章　企业绿色逆向物流模式决策的综合评价方法

本章首先对评价方法进行概述，在此基础上，设计出对绿色逆向物流决策的优化模型和权重确定方法，并给出具体的逆向物流决策的综合评价方法。

4.1　决策方法概述

本章研究的是对逆向物流的决策评判。从系统论的角度讲，对逆向物流决策模式进行选择是一个评价问题。所谓的综合评价是指对被研究对象进行客观、公正、合理的全面评价，就是在若干个（同类）系统中，如何确认哪个系统的运行（或发展）状况好，哪个系统的运行（或发展）状况差。对于逆向物流决策模式的选择，首先要对该问题进行科学定性，进而分析问题，提出解决方案。

4.1.1　对企业绿色逆向物流模式决策问题的定性

为了清晰阐述问题，首先对多属性决策问题进行介绍，多属性决策是多目标决策研究的重要内容，由于其在社会、经济、管理、医疗及工程系统各个领域拥有广泛的研究背景，为了更加合理运用多属性决策的理论、方法，需要对该问题进一步研究。多属性决策最基础的三个术语是：属性（Attribute）、目标（Objective）和准则（Criteria）。准则是对决策事物或现象有效性的某种度量方法，是事物或现象评价的基础。它在实际问题中有两种基本的表现形式，即属性和目标。属性是决策事物或现象的某种特征、性质或效能的具体表现，如产品的成本与价格、汽车的最高时速、城市消费指数等。每一种属性应该能提供某种衡量其水平高低的方法。目标是决策者对决策事物或现象的某种追求，如制造商希望获得产品的最大利润，政府希望尽可能地减轻环境污染等。

多属性（准则）决策（一种特殊的综合评价）问题可以描述为：给定多属性决策问题中决策方案集为 m 个决策方案，$A=\{A_1, A_2, \cdots, A_i, \cdots, A_m\}$，有 n 个目标（指标、因素等）属性集，$G=\{g_1, g_2, \cdots, g_j, \cdots, g_n\}$，属性向量权重为 $W=\{w_1, w_2, \cdots, w_n\}^T$，方案 A_i 对属性集 G_j 的属性值记为 X_{ij}（$i=1, 2, \cdots, m$；$j=1, 2, \cdots, n$），则有属性矩阵（决策矩阵）：

$$X=\begin{bmatrix} x_{11} & x_{12} & \cdots & x_{1n} \\ x_{21} & x_{22} & \cdots & x_{2n} \\ \vdots & \vdots & & \vdots \\ x_{m1} & x_{m2} & \cdots & x_{mn} \end{bmatrix}$$

其中 x_{ij} 是第 i 个备选方案 A_i 的第 j 个评价指标 g_j 的量化值。很容易得到绿色逆向物流模式决策问题也是一个多属性决策问题。

4.1.2 决策方法概述

多属性决策问题的解决方法有很多，由于每一类方法的机理不同，各种方法在实践中都有不同广度的应用，常见的定量研究方法有线性权重法、层次分析法、多目标数学规划法、数据包络法、熵值法、TOPSIS 法、多属性效用理论等。这些方法中遇到的共同问题就是权重的确定，而且，在多属性决策问题的求解过程中，属性的权重具有举足轻重的作用，它被用来反映属性的相对重要性，属性越重要，则赋给它的权重应越大，反之则越小。目前根据属性赋值中源信息的出处不同，确定权重的方法有两类：一类是主观赋权法，其源信息来自专家咨询，主要有 AHP 方法、占林法、德尔菲法和模糊综合评价法等。此类方法多是采用综合咨询评分的定性方法，其权重主要由专家根据经验主观判断确定。这类方法因受到人为因素的影响，往往会夸大或降低某些指标的作用，致使结果不能完全真实地反映事物间的现实关系。另一类是客观赋权法，其源信息来自统计数据，即根据体现在实际统计数据中的各指标之间的相关关系或各项指标值的变异程度来确定权重，避免了人为因素带来的偏差，主要有综合指数法、熵值法、离差最大化法、均方差法、主成分分析法、因子分析法、功效评分法等，但这种方法确定的权重有时会与指标实际的相对重要程度相悖。

由于这两类方法都存在各自的弊端，因此许多学者又提出综合主、客观赋权思想的组合赋权方法，可以更加科学合理地解决多属性决策问题。

组合赋权法就是将主、客观赋权方法结合起来，同时体现出主观赋权和客观赋权信息权重的方法。最常见的是“加法”集成法和“乘法”集成法（和法和积法）。设 p_i，q_i 分别为主、客观赋权方法的指标 x_i 的权重系数，则由二者确定的组合权重分别为：

$$w_i = k_1 p_i + k_2 q_i,\ i = 1,2,\cdots,n \qquad \text{“加法”集成法}$$

$$w_i = \frac{p_i q_i}{\sum_{j=1}^{n} p_j q_j},\ i = 1,2,\cdots,n\quad j = 1,2,\cdots,n \qquad \text{“乘法”集成法}$$

多属性决策问题中的属性个数为 n，用 q（q≥2）种赋权方法确定的归一化属性权重向量分别为 $W^{(k)} = (w_1^{(k)}, w_2^{(k)}, \cdots, w_n^{(k)})$，$k = 1, 2, \cdots, q$。为充分体现组合赋权法的思想，假定这 q 种赋权法中既有主观赋权法又有客观赋权法，并采用加法集成法确定组合权重为：

$$W = \sum_{k=1}^{q} \alpha_k W^{(k)},\ \text{其中}\ 0 \leqslant \alpha_k \leqslant 1\ \text{且} \sum_{k=1}^{q} \alpha_k = 1$$

该值反映第 k 种赋权方法在赋权结果中所起的作用。综合考虑决策者对赋权方法的偏好和赋权方法间的一致性程度，确定组合权重向量为：

$$W = \sum_{k=1}^{q} [\theta\lambda_k + (1-\theta)\beta_k]\, W^{(k)},\ 0 \leqslant \theta \leqslant 1$$

θ是决策者对某种赋权方法的偏好度在确定组合权重时的相对重要性。

刘家学（1998）讨论了对指标属性有偏好信息的多指标决策问题，并以最小二乘法为工具，建立了确定指标权重的优化模型。

李斌（1998）根据误差理论，分析了采用AHP法和德尔菲法计算定级因素权重的精度及其中误差，并依据中误差的高低，利用加权平均法探讨了科学确定最终权重的方法。

王明涛（1999）分析了主观赋权法和客观赋权法的基本原理及优缺点，提出了多指标综合评价中权重系数确定的综合分析方法，第j个指标的权重为：$w_j=\alpha a_j+(1-\alpha)b_j$，$0\leqslant\alpha\leqslant1$，其中$a_j$，$b_j$分别表示第j个指标的主观权重与客观权重，α表示决策者对主观权重的偏好程度，α越大，主观权重对综合权重的贡献越大，反之越小。

决策方法及其关系见图4-1。

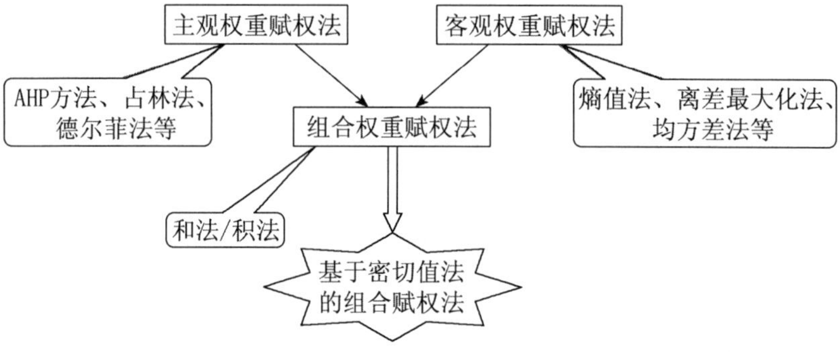

图4-1 决策方法及其关系

本章通过对已有文献资料的研究，在综合考虑主、客观两类方法在实际应用中的优缺点的基础上，运用密切值法原理，对多属性决策问题的权重确定采用主观赋权法与客观赋权法相结合的组合赋权思路，并且充分考虑到决策者对赋权方法的偏好程度，提出解决多属性决策问题的有效方法，该方法概念清晰，切合决策实际，有很好的实用性。其中的主观赋权法选择应用广泛的层次分析法，客观赋权法选择熵值法。

4.2 评价指标预处理方法

由于原始指标反映问题的各个方面，有的越大越好，有的越小越好，有些指标具有不同的单位和不同的数量级，所以不同数量级、量纲及正负的指标给评价造成了困难，因此，首先要对这些指标进行预处理，即评价指标的一致化和无量纲化。下面介绍几种预处理方法。

4.2.1 极值法

（1）评价指标类型的一致化

有的文献把评价指标分成四种类型：“极大型”指标，这类指标越大越好，如产值、利润等；“极小型”指标与“极大型”正好相反，如成本、能耗等；“居中型”指标的取值是越居中越好；“区间型”指标的取值以落在某个区间内为最佳。

对于极小型指标 x，令 $x^*=M-x$ 或 $x^*=\frac{1}{x}$，$x>0$，其中 M 为 x 的上限。

对于居中型指标 x，当 $m\leqslant x\leqslant\frac{M+m}{2}$ 时，$x^*=\frac{2(x-m)}{M-m}$；当 $\frac{M+m}{2}\leqslant x\leqslant M$ 时，$x^*=\frac{2(M-x)}{M-m}$。

对于区间型指标 x，当 $x<q_1$ 时，$x^*=1.0-\frac{q_1-x}{\max\{q_1-m, M-q_2\}}$；当 $q_1<x<q_2$ 时，$x^*=1.0$；当 $x>q_2$ 时，$x^*=1.0-\frac{x-q_2}{\max\{q_1-m, M-q_2\}}$。

（2）评价指标的无量纲化

指标的无量纲化就是通过数学变换来消除原始指标单位影响的方法，常用的方法有“标准化法”、“极值处理法”和“功效系数法”等，对于“极值处理法”的无量纲化表示如下：

令 $M_j=\max\{x_{ij}\}$，$m_j=\min\{x_{ij}\}$，则 $x_{ij}{}^*=\frac{x_{ij}-m_j}{M_j-m_j}$ 是无量纲化的，其

中 $x_{ij}^* \in [0, 1]$。特别地，当 $m_j = 0$（$j = 1, 2, \cdots, n$）时，有 $x_{ij}^* = \frac{x_{ij}}{M_j}$，$x_{ij}^* \in [0, 1]$。

4.2.2 理想值法

张卫（2002）民把原始指标分为正向指标和负向指标，假定 x_{ij}^* 为评价指标 j 的理想值，对于正向指标 x_{ij}^* 是越大越好，负向指标 x_{ij}^* 是越小越好。理想值的获取可以通过原始数据，把极值作为理想值，或把目标值作为理想值。

令 $M_j = \max\{x_{ij}\}$，$m_j = \min\{x_{ij}\}$，对于正向指标，$x_{ij}^* = \frac{x_{ij}}{M_j}$；对于负向指标，$x_{ij}^* = \frac{m_j}{x_{ij}}$。

定义标准化指标，$y_{ij} = \frac{x_{ij}^*}{\sum_{i=1}^{m} x_{ij}^*}$，$(0<y_{ij}<1)$。

4.3 层次分析法简介

层次分析法（Analytic Hierarchy Process）是美国著名运筹学家、匹兹堡大学教授萨迪（Thomas L. Saaty）于 20 世纪 70 年代提出的一种多目标、多准则的决策方法。该方法综合定性与定量分析，模拟人的决策思维过程，以解决多因素复杂系统，特别是难以定量描述的社会系统问题。AHP 的最大贡献在于提供了一种针对非定量分析的简便方法。它根据具有递阶层次的目标、子目标（约束条件）、部门等评价方案，采用两两比较来确定判断矩阵，然后把判断矩阵的最大特征值所对应的特征向量的分量作为相应系数，最后综合给出各方案的权重（优先程度）（张卫民，2002）。

如果记准则层元素 C 所支配的下一层次的元素为 $U_1, U_2, \cdots, U_n$。针对准则 C，决策者比较两个元素 U_i 和 U_j 哪一个更重要，重要程度如何，并按表 4-1 定义的比例标度对重要性程度赋值，形成判断矩阵 A =

$\{a_{ij}\}_{n\times n}$，其中 a_{ij}就是元素 U_i 和 U_j 相对于准则 C 的重要性比例标度（见表 4-1）。Saaty 的层次分析法确定方案优先权重的主要思想是：

设有备选方案 $A_i=\{A_1, A_2, \cdots, A_m\}$，依据准则 C，对方案进行两两重要性比较，确定的判断矩阵为 $A=\begin{bmatrix} a_{11} & a_{12} & \cdots & a_{1n} \\ a_{21} & a_{22} & \cdots & a_{2n} \\ \vdots & \vdots & & \vdots \\ a_{n1} & a_{n2} & \cdots & a_{nn} \end{bmatrix}$，其中 a_{ij} $(i, j=1, 2, \cdots, n)$表示方案 A_i 与方案 A_j 比较的相对重要程度，a_{ij}越大，表示方案 A_i 比方案 A_j 越重要。

表 4-1　　**1～9 比例标度含义**

比例标度	含义
1	两个元素相比，具有相同的重要性
3	两个元素相比，前者比后者稍重要
5	两个元素相比，前者比后者明显重要
7	两个元素相比，前者比后者强烈重要
9	两个元素相比，前者比后者极端重要
2，4，6，8	表示上述相邻判断的中间值
倒数	若元素 i 与元素 j 的重要性之比为 a_{ij}，则元素 j 与元素 i 的重要性之比为 $a_{ji}=1/a_{ij}$

定义 4.1　设判断矩阵 $A=\{a_{ij}\}_{n\times n}$，若矩阵满足以下条件：

①$a_{ij}>0$，$(i, j=1, 2, \cdots, n)$；

②$a_{ii}=1$，$(i, j=1, 2, \cdots, n)$；

③$a_{ij}=\dfrac{1}{a_{ji}}$，$(i, j=1, 2, \cdots, n)$。

则称 $A=\{a_{ij}\}_{n\times n}$为正互反判断矩阵。

定义 4.2　设正互反判断矩阵 $A=\{a_{ij}\}_{n\times n}$，若 $a_{ij}=\dfrac{a_{ik}}{a_{jk}}$，$(i, j, k=1, 2, \cdots, n)$，则称 $A=\{a_{ij}\}_{n\times n}$为一致性判断矩阵。

根据判断矩阵的互反性，对于一个 n 个元素构成的判断矩阵，只需给出其上（或下）三角的$\frac{n(n+1)}{2}$个判断即可。

（1）权重向量和一致性指标

通过两两比较得到的判断矩阵 A 不一定满足判断矩阵的互反性条件，AHP 采用一个数量标准来衡量 $A=\{a_{ij}\}_{n\times n}$的不一致程度。

Saaty 提出，设 $\omega=(\omega_1, \omega_2, \cdots, \omega_n)^T$ 是 n 阶判断矩阵的排序权重向量，定义指标集为 $I=\{1, 2, \cdots, n\}$，当 A 为一致性判断矩阵时，矩阵 A 的元素与权重矢量 $\omega=(\omega_1, \omega_2, \cdots, \omega_n)^T$ 有如下逻辑关系：$a_{ij}=\frac{\omega_i}{\omega_j}$，$\forall i, j\in I$。依据方案 A_i，A_j 的比重$\frac{\omega_i}{\omega_j}$，$i, j\in I$，可构造下面权重比的正互反一致性判断矩阵 A：

$$A=(a_{ij})_{n\times n}=\begin{bmatrix} \frac{\omega_1}{\omega_1} & \frac{\omega_1}{\omega_2} & \vdots\vdots & \frac{\omega_1}{\omega_n} \\ \frac{\omega_2}{\omega_1} & \frac{\omega_2}{\omega_2} & \cdots & \frac{\omega_2}{\omega_n} \\ \vdots & \vdots & & \vdots \\ \frac{\omega_n}{\omega_1} & \frac{\omega_n}{\omega_2} & \cdots & \frac{\omega_n}{\omega_n} \end{bmatrix}=\begin{bmatrix} \omega_1 \\ \omega_2 \\ \vdots \\ \omega_n \end{bmatrix}\begin{bmatrix} \frac{1}{\omega_1} & \frac{1}{\omega_2} & \cdots & \frac{1}{\omega_n} \end{bmatrix}$$

用 $\omega=(\omega_1, \omega_2, \cdots, \omega_n)^T$ 右乘上式，得到 $A\omega=n\omega$。

由矩阵理论可知，n 是 A 的唯一非零的也是最大的特征根，记为 λ_{max}，则有 ω 是 λ_{max}所对应的特征向量。若 A 是一致性的互反矩阵，则有性质：$a_{ij}a_{jk}=a_{ik}$，当 A 为正互反矩阵时还具有如下性质：

第一，A 的转置 A^T 也是一致的；

第二，A 的每一行均为任意指定一行的正整数倍，从而 R（A）=1；

第三，A 的最大特征根 $\lambda_{max}=n$，其余特征根全为 0；

第四，记 A 的特征根对应的特征向量 $\omega=(\omega_1, \omega_2, \cdots, \omega_n)^T$，则 $a_{ij}=\frac{\omega_i}{\omega_j}$。

在实际操作中，虽然权重向量 ω 是未知的，但是可以通过两两比较的方法得到 A 的一个估计矩阵 $A'=(a'_{ij})_{n\times n}$，A′被称作判断矩阵。然后求解 A′的最大特征根 λ'_{max}，即求解满足以下用行列式表示的一元多

项式的最大根 λ'_{max}：

$$\begin{vmatrix} a'_{11}-\lambda & a'_{12} & \cdots & a'_{1n} \\ a'_{21} & a'_{22}-\lambda & \cdots & a'_{2n} \\ \vdots & \vdots & & \vdots \\ a'_{n1} & a'_{n2} & \cdots & a'_{nn}-\lambda \end{vmatrix} = 0$$

将求出的最大特征根 λ'_{max} 代入齐次方程组：

$$(A'-\lambda'_{max}I)\ \omega'=0$$

从而解出 λ'_{max} 对应的特征向量：

$$\omega'=(\omega'_1,\ \omega'_2,\ \cdots,\ \omega'_n)^T$$

如果判断矩阵 A′具有一致性，则 λ'_{max} 对应的特征向量 ω′就是方案集的权重向量 ω，表示 U_1，U_2，…，U_n 在 C 中的权重。

关于正互反矩阵 A，根据矩阵论的 Perron-Probenius 定理，有如下结论：

设 n 阶方阵 A>0，λ_{max} 是 A 的最大特征根，则：

第一，λ_{max} 为正的特征根，且其对应的特征向量是正向量；

第二，A 的任何其他特征根恒有 $|\lambda|<\lambda_{max}$；

第三，λ_{max} 为 A 的单特征根，因而它所对应的特征向量除差一个常数因子外是相同的。

一般而言，判断矩阵 A 未必是正互反的具有一致性的判断矩阵，则有 λ>n，此时的特征向量 ω 就不能真实地反映 U_1，U_2，…，U_n 在目标中所占的比重，为了达到满意的一致性，使除了 λ_{max} 之外，其余特征根尽量接近于零。取其余 n-1 个特征根和的绝对值平均定义为检验判断矩阵不一致性程度的数量指标（Consistency Index）：

$$C.I=\frac{\lambda_{max}-n}{n-1}$$

一般来说，对于一致性的正互反判断矩阵，C.I=0。C.I 越大，偏离一致性越大；反之，偏离一致性越小。另外，判断矩阵的阶数 n 越大，判断的主观因素造成的偏离越大，偏离一致性也就越大；反之，偏离一致性越小。因此，有必要引入平均随机一致性指标（Randon Index），记为 R.I，R.I 指标随判断矩阵的阶数而变，这些 R.I 值是用随机方法构造判断矩阵，经过多次重复计算，求出的一致性指标，并加以平均而得到的，如表4-2所示。一致性指标C. I与同阶的随机一致性指标 R. I 的比值，称为一致性比率（Consistency Ratio），记为 $C.R=\frac{C.I}{R.I}$。用一致性比率C. R检验判断矩阵的一致性，当C. R越小时，判断矩阵的一致性越好。一般认为 $C.R<0.1$ 时，判断矩阵符合满意一致性标准；否则，需要修正判断矩阵。

表4-2 **平均随机一致性指标**

阶数 n	1	2	3	4	5	6	7	8
R. I	0	0	0.52	0.89	1.12	1.26	1.36	1.41
阶数 n	9	10	11	12	13	14	15	
R. I	1.46	1.49	1.52	1.54	1.56	1.58	1.59	

（2）AHP的层次总排序

计算同一层次所有因素对于最高层次（总目标）相对重要性的排序权值，称为层次总排序，这一过程是由高层次到低层次逐层进行的。最底层（方案层）得到的层次总排序，就是n个被评价方案的总排序。若上一层次A包含m个因素 A_1，A_2，…，A_m，其层次总排序权值分别为 a_1，a_2，…，a_m，下一层次B包含n个因素，它们对于因素 A_j 的层次单排序的权值分别为 b_{1j}，b_{2j}，…，b_{nj}（当 B_k 与 A_j 无关时，取 b_{kj} 为0），此时层次B的总排序权值由表4-3给出。

表4-3 **权重合成方法**

层次 A / 层次 B	A_1	A_2	…	A_m	层次 B 总排序值
	a_1	a_2	…	a_m	
B_1	b_{11}	b_{12}	…	b_{1m}	$\sum_{j=1}^{m} a_j b_{1j}$
⋮	⋮	⋮		⋮	⋮
B_n	b_{n1}	b_{n2}	…	b_{nm}	$\sum_{j=1}^{m} a_j b_{nj}$

如果B层次某些因素对于 A_j 的一致性指标为 $C.I_j$，相应的平均随机一致性指标为 $R.I_j$，则B层次总排序一致性比例为：

$$C.R = \frac{\sum_{j=1}^{m} a_j C.I_j}{\sum_{j=1}^{m} a_j R.I_j}$$

AHP 最终得到方案层各决策方案相对于总目标的权重，并给出这一组合权重以及整个递阶层次结构所有判断的总一致性指标，据此，决策者可以作出决策（Saaty，1980）。

4.4 熵值法简介

熵（Entropy）原是统计物理和热力学中的一个概念，在热力学中，熵指一个热力系统在热功转换过程中，热能有效利用的程度。一个热力系统的熵值大，表示系统的能量可利用的程度低；熵值小，表示能量可利用的程度高（Smith，1990）。

熵值法（Entropy Method）是一种根据各项观测值所提供的信息量的大小来确定指标权重的方法。在信息论中，熵又称为平均信息量，是度量信息量的一个概念。根据信息论的定义，在一个信息通道中传输的第 i 个信号的信息量 I_i 是：

$$I_i = -\ln p_i$$

式中，p_i 是这个信号出现的概率。

如果有 n 个信号，其出现的概率分别为 p_1，p_2，…，p_n，则这 n 个信号的平均信息量，即熵为 $-\sum_{i=1}^{n} p_i \ln p_i$。设 x_{ij}（i=1，2，…，m；j=1，2，…，n）为第 i 系统中的第 j 项指标的观测数值。对于给定的 j，x_{ij} 的差异越大，该指标对系统的比较作用就越大，亦即该项指标包含和传输的信息越多。信息的增加意味着熵的减少，熵可以用来度量这种信息量的大小。用熵值法确定指标权重的步骤如下：

（1）计算第 j 项指标下，第 i 个系统中的特征比重

$$p_{ij} = \frac{x_{ij}}{\sum_{i=1}^{m} x_{ij}}$$

这里，$x_{ij} \geq 0$，且 $\sum_{i=1}^{m} x_{ij} \geq 0$。

（2）计算第 j 项指标的熵值

$$e_j = -k\sum_{i=1}^{m} p_{ij}\ln(p_{ij})$$，其中 $k>0$，$e_j \geqslant 0$

ln 为自然对数，如果 x_{ij} 对于给定的 j 全都相等，那么：

$$p_{ij} = \frac{x_{ij}}{\sum_{i=1}^{m} x_{ij}} = \frac{1}{m}$$

此时，$e_j = k\sum_{i=1}^{m} \ln n$。

（3）计算指标 x_j 的差异性系数

定义差异性系数 $g_j = 1 - e_j$，g_j 越大，该指标对系统的比较作用越大。

（4）确定权数

$$\mu_j = \frac{g_j}{\sum_{i=1}^{m} g_i},\ j = 1,\ 2,\ \cdots,\ n$$

μ_j 为归一化了的权重系数。

4.5 基于密切值的组合赋权方法

4.5.1 原理与方法

（1）密切值法的原理及步骤

设多属性决策问题中决策方案集为 m 个决策方案，$A=\{A_1,\ A_2,\ \cdots,\ A_i,\ \cdots,\ A_m\}$，有 n 个目标（指标、因素等）属性集，$G = \{g_1,\ g_2,\ \cdots,\ g_j,\ \cdots,\ g_n\}$，属性向量权重为 $W = \{w_1,\ w_2,\ \cdots,\ w_n\}^T$，方案 A 对属性集 G 的属性值记为 X_{ij}（$i=1,\ 2,\ \cdots,\ m$；$j=1,\ 2,\ \cdots,\ n$），则有：

①初始矩阵 $X=(x_{ij})_{m\times n}$ 表示方案 A 对属性集 G 的属性矩阵（决策矩阵）：

$$X = \begin{bmatrix} x_{11} & x_{12} & \cdots & x_{1n} \\ x_{21} & x_{22} & \cdots & x_{2n} \\ \vdots & \vdots & & \vdots \\ x_{m1} & x_{m2} & \cdots & x_{mn} \end{bmatrix}$$

其中 x_{ij} 是第 i 个备选方案 A_i 的第 j 个评价指标 g_j 的量化值。

②初始属性矩阵（决策矩阵）规范化。由于方案的指标较多，且各指标的量纲不同，为便于比较，对指标矩阵进行规范化处理。当第 j 个评价指标 g_j 为正向指标时，则该指标越大越好，令 $r_{ij}=\dfrac{x_{ij}}{\left(\sum\limits_{i=1}^{m}x_{ij}^2\right)^{\frac{1}{2}}}$；当第 j 个评价指标 g_j 为负向指标时，则该指标越小越好，令 $r_{ij}=-\dfrac{x_{ij}}{\left(\sum\limits_{i=1}^{m}x_{ij}^2\right)^{\frac{1}{2}}}$。得到无量纲规范化指标矩阵 $R=(r_{ij})_{m\times n}$，若属性权重 $W=\{w_1, w_2, \cdots, w_n\}^T$ 已知，则加权规范化矩阵为 $Z=(z_{ij})_{m\times n}$，其中 $z_{ij}=r_{ij}w_j$。

③求出决策方案的最优点和最劣点。最优点和最劣点的选取原则为，令 $\max\limits_{1\leq i\leq m}\{r_{ij}\}=r_j^+$，$\min\limits_{1\leq i\leq m}\{r_{ij}\}=r_j^-$，j=1，2，…，n，则有：

$$z_j^+=\max_{1\leq i\leq m}z_{ij}=\max_{1\leq i\leq m}r_{ij}w_j=w_j\max_{1\leq i\leq m}r_{ij}=r_j^+w_j,\ (j=1,2,\cdots,n)$$

$$z_j^-=\min_{1\leq i\leq m}z_{ij}=\min_{1\leq i\leq m}r_{ij}w_j=w_j\min_{1\leq i\leq m}r_{ij}=r_j^-w_j,\ (j=1,2,\cdots,n)$$

可以得到相对于决策方案集合 A 的最优点和最劣点分别为：

最优点 $A^+=(z_1^+, z_2^+, \cdots, z_n^+)=(r_1^+w_1, r_2^+w_2, \cdots, r_n^+w_n)$

最劣点 $A^-=(z_1^-, z_2^-, \cdots, z_n^-)=(r_1^-w_1, r_2^-w_2, \cdots, r_n^-w_n)$

④计算各方案 A_i 到最优点 A^+ 和最劣点 A^- 的距离，常用的计算距离的方法是闵可夫斯基（Minkowski）方法，$L_{ij}(p)=\|A_j-A_i^+\|=\left[\sum\limits_{j=1}^{n}((r_{ij}-r_j^+)w_j)^p\right]^{\frac{1}{p}}$，(i=1，2，…，m；j=1，2，…，n)，当 p=2 时为欧式距离，即各方案 A_i 到最优点 A^+ 的距离为：

$$d_i^+=\left[\sum_{j=1}^{n}(z_{ij}-z_j^+)^2\right]^{\frac{1}{2}}=\left[\sum_{j=1}^{n}(r_{ij}w_j-r_j^+w_j)^2\right]^{\frac{1}{2}}$$

$$=\left[\sum_{j=1}^{n}((r_{ij}-r_j^+)w_j)^2\right]^{\frac{1}{2}},\ (i=1,2,\cdots,m)$$

各方案 A_i 到最劣点 A^- 的距离为：

$$d_i^-=\left[\sum_{j=1}^{n}(z_{ij}-z_j^-)^2\right]^{\frac{1}{2}}=\left[\sum_{j=1}^{n}(r_{ij}w_j-r_j^-w_j)^2\right]^{\frac{1}{2}}$$

$$=\left[\sum_{j=1}^{n}((r_{ij}-r_j^-)w_j)^2\right]^{\frac{1}{2}},\ (i=1,2,\cdots,m)$$

⑤计算各方案的密切值。令 $d^+=\min\limits_{1\leq i\leq m}\{d_i^+\}$，$d^-=\max\limits_{1\leq i\leq m}\{d_i^-\}$，$j=1,2,\cdots,n$，$d^+$表示 m 个最优点距的最小值，$d^-$表示 m 个最劣点距的最大值，则方案 A_i 的密切值为 $D_i=\frac{d_i^+}{d^+}-\frac{d_i^-}{d^-}$。$D_i$ 值的大小反映了方案偏离最优点的程度，当 $D_i>0$ 时，A_i 偏离最优点，其值越大，偏离越远；当 $D_i=0$ 时，A_i 最接近最优点。由此可见，可以以 D_i 的大小作为决策准则，对方案进行排序，并且 D_i 值最小的就是满意方案。

（2）基于密切值组合赋权决策方法

假定通过已有的赋权方法得到主观权重向量为 $\omega=(\omega_1,\omega_2,\cdots,\omega_n)^T$，客观权重向量为 $\mu=(\mu_1,\mu_2,\cdots,\mu_n)^T$，综合考虑主观赋权与客观赋权的组合权重向量为 $W=\{w_1,w_2,\cdots,w_n\}^T$（由 ω，μ 待定）。

在密切值法中，关于属性的权重向量 $\lambda'=(\lambda'_1,\lambda'_2,\cdots,\lambda'_n)^T$，一般为归一化的向量 $\lambda=(\lambda_1,\lambda_2,\cdots,\lambda_n)^T$，其中，$\lambda_j=\frac{\lambda_j'}{\sqrt{(\lambda_1')^2+(\lambda_2')^2+\cdots+(\lambda_n')^2}}$，$j=1,2,\cdots,n$，则方案 A_i 到最优方案 A^+ 的距离为 $d_i^+(\lambda)=\frac{1}{\sqrt{(\lambda_1')^2+(\lambda_2')^2+\cdots+(\lambda_n')^2}}\cdot d_i^+(\lambda')$，$d_i^+(\lambda)$，$d_i^+(\lambda')$ 之间只是相差一个大于 1 的常数 $\frac{1}{\sqrt{(\lambda_1')^2+(\lambda_2')^2+\cdots+(\lambda_n')^2}}$，不影响方案的排序结果。

基于上述原因，假定 ω，μ，W 均满足单位化条件，则对应于权重向量 ω，μ，W 的各方案 A_i 到最优点 A^+和最劣点 A^-的加权距离的平方分别为：

$$d_i^{+2}(W)=\sum_{j=1}^{n}[(r_{ij}-r_j^+)w_j]^2,\quad d_i^{-2}(W)=\sum_{j=1}^{n}[(r_{ij}-r_j^-)w_j]^2$$

$$d_i^{+2}(\omega)=\sum_{j=1}^{n}[(r_{ij}-r_j^+)\omega_j]^2,\quad d_i^{-2}(\omega)=\sum_{j=1}^{n}[(r_{ij}-r_j^-)\omega_j]^2$$

$$d_i^{+2}(\mu)=\sum_{j=1}^{n}[(r_{ij}-r_j^+)\mu_j]^2,\quad d_i^{-2}(\mu)=\sum_{j=1}^{n}[(r_{ij}-r_j^-)\mu_j]^2$$

一般来讲，ω，μ，W 中任意两者都不同，因此可以考虑如下四种偏差：

$$d_i^{+2}(W) - d_i^{+2}(\omega) = \sum_{j=1}^{n} (r_{ij} - r_j^+)^2(w_j^2 - \omega_j^2)$$

该偏差表示组合权重与主观权重计算方案 A_i 到最优点 A^+的加权距离平方的差异。

$$d_i^{-2}(W) - d_i^{-2}(\omega) = \sum_{j=1}^{n} (r_{ij} - r_j^-)^2(w_j^2 - \omega_j^2)$$

该偏差表示组合权重与主观权重计算方案 A_i 到最劣点 A^-的加权距离平方的差异。

$$d_i^{+2}(W) - d_i^{+2}(\mu) = \sum_{j=1}^{n} (r_{ij} - r_j^+)^2(w_j^2 - \mu_j^2)$$

该偏差表示组合权重与客观权重计算方案 A_i 到最优点 A^+的加权距离平方的差异。

$$d_i^{-2}(W) - d_i^{-2}(\mu) = \sum_{j=1}^{n} (r_{ij} - r_j^-)^2(w_j^2 - \mu_j^2)$$

该偏差表示组合权重与客观权重计算方案 A_i 到最劣点 A^-的加权距离平方的差异。

目标是在考虑决策者对主观赋权和客观赋权的不同偏好的前提下，选择组合权重 W，使决策结果在主、客观赋权共同作用下，每个方案 A_i 在贴近最优点 A^+的同时远离最劣点 A^-，换言之，就是在主、客观权重共同作用下，让每个方案既贴近最优点又远离最劣点的偏差最小。为此构造非线性规划模型：

$$\min f(W) = \sum_{i=1}^{m} \Big\{\alpha\Big\{\Big[\sum_{j=1}^{n} (r_{ij} - r_j^+)^2(w_j^2 - \omega_j^2)\Big]^2 + \Big[\sum_{j=1}^{n} (r_{ij} - r_j^-)^2(w_j^2 - \omega_j^2)\Big]^2\Big\} + \beta\Big\{\Big[\sum_{j=1}^{n} (r_{ij} - r_j^+)^2(w_j^2 - \mu_j^2)\Big]^2 + \Big[\sum_{j=1}^{n} (r_{ij} - r_j^-)^2(w_j^2 - \mu_j^2)\Big]^2\Big\}\Big\}$$

$$\text{s.t.}\begin{cases} \sum_{j=1}^{n} w_j^2 = 1 \\ w_j \geq 0, j = 1,2,\cdots,n \\ \alpha + \beta = 1, 0 < \alpha,\beta < 1 \end{cases}$$

其中 α，β 分别表示决策者对主观赋权和客观赋权的偏好程度，可以通过案例分析,运用经验值法获得。令$(r_{ij}-r_j^+)^2=p_{ij}^+$,$(r_{ij}-r_j^-)^2=p_{ij}^-$,$w_j^2=u_j$,则$\sum_{j=1}^{n}w_j^2=1$,可知,$\sum_{j=1}^{n}u_j=1(u_j\geqslant 0)$,则模型等价于

$$\min f(U)=\sum_{i=1}^{m}\left\{\alpha\left[\sum_{j=1}^{n}(p_{ij}^+ + p_{ij}^-)(u_j-\omega_j^2)\right]^2+\beta\left[\sum_{j=1}^{n}(p_{ij}^+ + p_{ij}^-)(u_j-\mu_j^2)\right]^2\right\}$$

$$\text{s.t.}\begin{cases}\sum_{j=1}^{n}u_j=1\\ u_j\geqslant 0,j=1,2,\cdots,n\\ \alpha+\beta=1,0<\alpha,\beta<1\end{cases}$$

其中$U=(u_1,u_2,\cdots,u_n)^T$。

构造 Lagrange 函数$L(U,\theta)=f(U)+2\theta(\sum_{j=1}^{n}u_j-1)$,令

$$\frac{\partial L}{\partial u_j}=\sum_{i=1}^{m}\{2\alpha[\sum_{j=1}^{n}(p_{ij}^+ + p_{ij}^-)(u_j-\omega_j^2)](p_{ij}^+ + p_{ij}^-)+2\beta[\sum_{j=1}^{n}(p_{ij}^+ + p_{ij}^-)(u_j-\mu_j^2)](p_{ij}^+ + p_{ij}^-)\}+2\theta$$

$$=2\sum_{i=1}^{m}\left\{\left[\sum_{j=1}^{n}[(\alpha+\beta)u_j-\alpha\omega_j^2-\beta\mu_j^2](p_{ij}^+ + p_{ij}^-)\right](p_{ij}^+ + p_{ij}^-)\right\}+2\theta=0 \tag{4-1}$$

$$\frac{\partial L}{\partial \theta}=2(\sum_{j=1}^{n}u_j-1)=0 \text{ 即 } \sum_{j=1}^{n}u_j=1 \tag{4-2}$$

由(4-1)式可知,对于$j=1,2,\cdots,n$,有:

$$\left((\alpha+\beta)\sum_{i=1}^{m}[(p_{i1}^+ + p_{i1}^-)(p_{ij}^+ + p_{ij}^-)]\right)u_1+\left((\alpha+\beta)\sum_{i=1}^{m}[(p_{i2}^+ + p_{i2}^-)(p_{ij}^+ + p_{ij}^-)]\right)u_2+\cdots$$
$$+\left((\alpha+\beta)\sum_{i=1}^{m}[(p_{in}^+ + p_{in}^-)(p_{ij}^+ + p_{ij}^-)]\right)u_n-\left[(\alpha\omega_1^2+\beta\mu_1^2)\sum_{i=1}^{m}[(p_{i1}^+ + p_{i1}^-)(p_{ij}^+ + p_{ij}^-)]\right.$$
$$\left.+(\alpha\omega_2^2+\beta\mu_2^2)\sum_{i=1}^{m}[(p_{i2}^+ + p_{i2}^-)(p_{ij}^+ + p_{ij}^-)]+\cdots+(\alpha\omega_n^2+\beta\mu_n^2)\sum_{i=1}^{m}[(p_{in}^+ + p_{in}^-)(p_{ij}^+ + p_{ij}^-)]\right]$$
$$+\theta=0$$

上述 n 个方程构成的方程组可写成矩阵形式:

$$QU+\theta e=C \tag{4-3}$$

其中$e=(1,1,\cdots,1)^T$为 m 维列向量,

$$Q=\begin{bmatrix}(\alpha+\beta)\sum_{i=1}^{m}(p_{i1}^{+}+p_{i1}^{-})(p_{i1}^{+}+p_{i1}^{-}) & (\alpha+\beta)\sum_{i=1}^{m}(p_{i2}^{+}+p_{i2}^{-})(p_{i1}^{+}+p_{i1}^{-}) & \cdots & (\alpha+\beta)\sum_{i=1}^{m}(p_{in}^{+}+p_{in}^{-})(p_{i1}^{+}+p_{i1}^{-})\\(\alpha+\beta)\sum_{i=1}^{m}(p_{i1}^{+}+p_{i1}^{-})(p_{i2}^{+}+p_{i2}^{-}) & (\alpha+\beta)\sum_{i=1}^{m}(p_{i2}^{+}+p_{i2}^{-})(p_{i2}^{+}+p_{i2}^{-}) & \cdots & (\alpha+\beta)\sum_{i=1}^{m}(p_{in}^{+}+p_{in}^{-})(p_{i2}^{+}+p_{i2}^{-})\\ \vdots & \vdots & & \vdots\\(\alpha+\beta)\sum_{i=1}^{m}(p_{i1}^{+}+p_{i1}^{-})(p_{in}^{+}+p_{in}^{-}) & (\alpha+\beta)\sum_{i=1}^{m}(p_{i2}^{+}+p_{i2}^{-})(p_{in}^{+}+p_{in}^{-}) & \cdots & (\alpha+\beta)\sum_{i=1}^{m}(p_{in}^{+}+p_{in}^{-})(p_{in}^{+}+p_{in}^{-})\end{bmatrix}$$

为 n 阶对称矩阵，

$$C=\Big((\alpha\omega_1^2+\beta\mu_1^2)\sum_{i=1}^{m}(p_{i1}^{+}+p_{i1}^{-})(p_{i1}^{+}+p_{i1}^{-})+\cdots+(\alpha\omega_n^2+\beta\mu_n^2)\sum_{i=1}^{m}(p_{in}^{+}+p_{in}^{-})(p_{i1}^{+}+p_{i1}^{-}),\cdots,(\alpha\omega_1^2+\beta\mu_1^2)\sum_{i=1}^{m}(p_{i1}^{+}+p_{i1}^{-})(p_{in}^{+}+p_{in}^{-})+\cdots+(\alpha\omega_n^2+\beta\mu_n^2)\sum_{i=1}^{m}(p_{in}^{+}+p_{in}^{-})(p_{in}^{+}+p_{in}^{-})\Big)^T$$

若 $B=(\frac{\alpha\omega_1^2+\beta\mu_1^2}{\alpha+\beta},\ \frac{\alpha\omega_2^2+\beta\mu_2^2}{\alpha+\beta},\ \cdots,\ \frac{\alpha\omega_n^2+\beta\mu_n^2}{\alpha+\beta})^T$，则有 $C=BQ$。（4-2）式可写成：

$$e^TU=1 \tag{4-4}$$

由（4-3）式得 $U+\theta Q^{-1}e=Q^{-1}C$，即 $U+\theta Q^{-1}e=B$，则有：

$$e^TU+\theta e^TQ^{-1}e=e^TB \tag{4-5}$$

将（4-4）式代入（4-5）式，得 $\theta=\frac{(e^TB-1)}{e^TQ^{-1}e}$，于是有 $U=B-\frac{(e^TB-1)}{e^TQ^{-1}e}\cdot Q^{-1}e$，因为 $\sum_{j=1}^{n}\omega_j^2=\sum_{j=1}^{n}\mu_j^2=1$，所以 $e^TB=1$，从而得到：

$$U=B=(\frac{\alpha\omega_1^2+\beta\mu_1^2}{\alpha+\beta},\ \frac{\alpha\omega_2^2+\beta\mu_2^2}{\alpha+\beta},\ \cdots,\ \frac{\alpha\omega_n^2+\beta\mu_n^2}{\alpha+\beta})^T$$

所以，组合权重向量为：

$$W=(\sqrt{\frac{\alpha\omega_1^2+\beta\mu_1^2}{\alpha+\beta}},\ \sqrt{\frac{\alpha\omega_2^2+\beta\mu_2^2}{\alpha+\beta}},\ \cdots,\ \sqrt{\frac{\alpha\omega_n^2+\beta\mu_n^2}{\alpha+\beta}})^T \tag{4-6}$$

将 W 代入

$$d_i^+(w)=\Big[\sum_{j=1}^{n}((r_{ij}-r_j^+)w_j)^2\Big]^{\frac{1}{2}},\ d_i^-(w)=\Big[\sum_{j=1}^{n}((r_{ij}-r_j^-)w_j)^2\Big]^{\frac{1}{2}}$$

可以得到 d_i^+（w），d_i^-（w），进而得到$D_i(w)=\frac{d_i^+(w)}{d^+(w)}-\frac{d_i^-(w)}{d^-(w)}$,其中$d^+(w)=$

$\min\limits_{1\leq i\leq m}\{d_i^+(w)\}, d^-(w)=\max\limits_{1\leq i\leq m}\{d_i^-(w)\}, j=1, 2, \cdots, n$。从而，可以按照 $D_i(w)$ 的大小对方案 A_i 进行排序（主观权重向量和客观权重向量不满足归一化条件时，需先转换为满足单位化条件，再按上述公式求解），即可确定满意方案。

4.5.2 算例分析

为方便比较，选取文献中的算例①，投资银行对某市四家企业进行投资，抽取下列五项指标进行评估：g_1——投资净产值率（纯产值与投资额之比）；g_2——投资销售率；g_3——投资成本率（投资期内单位产品成本与其销售价之比）；g_4——投资利税率（纯利税与投资额之比）；g_5——环境污染程度。

投资银行考察了上年度四家企业 A_1，A_2，A_3，A_4 的上述指标情况（其中污染程度系有关部门历史检测并模糊量化），所得多指标决策矩阵如下：

$$X=\begin{bmatrix}0.551 & 0.482 & 0.483 & 0.170 & 0.175\\ 0.407 & 0.503 & 0.412 & 0.181 & 0.168\\ 0.516 & 0.400 & 0.405 & 0.134 & 0.140\\ 0.486 & 0.537 & 0.365 & 0.153 & 0.159\end{bmatrix}$$

将各家企业视为方案，在各项指标中 g_1，g_5 为成本型，其他为效益型。规范化决策矩阵为：

$$R=\begin{bmatrix}1 & 0.8976 & 0.7557 & 0.9392 & 0.8000\\ 0.7387 & 0.9367 & 0.8859 & 1 & 0.8333\\ 0.9365 & 0.7449 & 0.9012 & 0.7403 & 1\\ 0.8820 & 1 & 1 & 0.8453 & 0.8805\end{bmatrix}$$

利用五级标度赋值法得主观权重向量为 $\omega'=(0.25, 0.26, 0.24, 0.19, 0.06)^T$，转化为单位化权重向量为 $\omega=(0.5234, 0.5452, 0.5033, 0.3984, 0.1258)^T$。

利用熵技术法得客观权重向量为 $\mu'=(0.2263, 0.2158, 0.1843,$

① 刘家学．对指标属性有偏好信息的一种决策方法［J］．系统工程理论与实践，1998（2）：54-57.

0.2368，0.1368)^T，转化为单位化权重向量为 $\mu=$（0.4980，0.4748，0.4055，0.5211，0.3010)^T。

考虑到决策者对赋权方法的偏好，并通过成功案例分析，得到经验值 $\alpha=0.4$，$\beta=0.6$，表示做类似决策问题，决策者对客观赋权方式更加重视，由式（4-6）得到组合权重向量为 W=（0.5087，0.5041，0.4472，0.4758，0.2464)^T，归一化得：

$$W'=(0.2744,\ 0.2310,\ 0.2049,\ 0.2180,\ 0.1129)^T$$

对于 R 取最优点为：

$$r_j^+=(1,\ 1,\ \cdots,\ 1)^T,\ r_j^-=(0.7387,\ 0.7449,\ 0.7557,\ 0.7403,\ 0.8000)^T$$

将 W 分别代入：

$$d_i^+(w)=\left[\sum_{j=1}^{n}((r_{ij}-r_j^+)w_j)^2\right]^{\frac{1}{2}} \text{和} d_i^-(w)=\left[\sum_{j=1}^{n}((r_{ij}-r_j^-)w_j)^2\right]^{\frac{1}{2}}$$

得：

$$d_1^+(w)=0.1337,\ d_2^+(w)=0.1516,\ d_3^+(w)=0.1856,\ d_4^+(w)=0.0994$$

$$d_1^-(w)=0.1804,\ d_2^-(w)=0.1676,\ d_3^-(w)=0.1296,\ d_4^-(w)=0.1905$$

则有 $d^+(w)=0.0994$，$d^-(w)=0.1905$。

将上述数值代入 $D_i(w)=\dfrac{d_i^+(w)}{d^+(w)}-\dfrac{d_i^-(w)}{d^-(w)}$，可得 $D_1(w)=0.3981$，$D_2(w)=0.6454$，$D_3(w)=1.1869$，$D_4(w)=0$。易见：

$$D_4(w)<D_1(w)<D_2(w)<D_3(w)$$

因此，方案排序为 $A_4>A_1>A_2>A_3$，排序结果与相关文献结论相同①②，并且具有更高的分辨率。

4.5.3 结论

通过上述方法可以充分考虑决策者对主、客观赋权方法的偏好，并且得到与学者宋光兴、杨德礼（2004）及刘家学（1998）研究成果中相同的排序结果，分辨率也更高。

---

① 刘家学. 对指标属性有偏好信息的一种决策方法［J］. 系统工程理论与实践，1998(2)：54-57.

② 宋光兴，杨德礼. 基于决策者偏好及赋权法一致性的组合赋权法［J］. 系统工程与电子技术，2004，26(9)：1226-1230.

可以验证 $d_i(w') = \frac{1}{\sqrt{(w'_1)^2+(w'_2)^2+\cdots+(w'_m)^2}} \cdot d_i(w)$。将 W′ 代入 $d_i^+(w') = \left[\sum_{j=1}^{n}((r_{ij} - r_j^+)w'_j)^2\right]^{\frac{1}{2}}$ 可以得到下列数据：

$d_1^+(w') = 0.1795$，$d_2^+(w') = 0.2393$，$d_3^+(w') = 0.2930$，$d_4^+(w') = 0.1569$

可知 $d_4^+(w') < d_1^+(w') < d_2^+(w') < d_3^+(w')$，故方案的排序仍然是 $A_4 > A_1 > A_2 > A_3$，对四家企业的选择一目了然，应该选择企业 A_4，并且充分说明了该方法的合理性。

4.6 本章小结

本章首先对逆向物流模式的决策方法进行概述，对层次分析法和熵值法进行介绍，在密切值法的基础上，提出了一种新的解决多属性决策问题的方法——基于密切值的组合赋权多属性决策方法，并通过算例说明该方法的科学性、合理性、实用性。

第5章 铁尾矿处理实证分析

5.1 尾矿处理的意义

原矿进入选矿厂经过破碎、磨矿和选别作业之后，矿石中的有用矿物分选为一种或多种精矿产品，尾矿则以矿浆状态排出。精矿产率较小，有色金属选矿厂精矿产率一般只有10%～20%；尾矿数量很大，产率一般为80%～90%，甚至还要大一些。一座日处理为100吨的小型选矿厂，每天排放的尾矿量可达80～90吨以上。原矿品位高，精矿产率大，则尾矿量少。大量的尾矿若不妥善处理，危害甚大。选矿厂排出的尾矿水中常含有大量的药剂及有害物质。其来源为选矿过程中加入的浮选药剂以及矿石中的金属元素，常见的有氰化物、黄药、黑药、松油、铜离子、铅离子、锌离子，个别情况下还可能有砷、酚汞等。尾矿水中这些有害物质达不到排放标准时，对人体、牲畜、鱼类及农田均有害。因此，选矿厂尾矿不能任意排放，否则就会造成江河水系、附近土壤甚至地下水资源的污染，从而带来一系列严重问题，并影响企业的发展。

另外，尾矿的概念是相对的，尾矿中含有大量的有用成分。在目前的技术水平下，有些贵重金属、稀有金属不能回收，但随着科学技术的进步，尾矿中的有用成分可以重新开发利用。尾矿资源得到综合利用在国内外已有许多实例，如湖北省铜录山矿选矿厂尾矿中含有丰富的金、银、铜、铁等有用成分，随着选矿技术的发展，1985 年采用弱磁-强磁选矿技术对尾矿再选，每年从尾矿中回收了数万吨的铁精矿，现正在进一步将尾矿再磨再选，使尾矿中的金、银、铜、铁等有用矿物得到充分回收利用，从而矿厂经济效益大为提高。

可见，尾矿不能随意丢弃，尾矿处理不仅涉及环境保护、资源合理利用的问题，还与法律方面的问题有关。因此，对选矿厂尾矿进行妥善处理有着十分重要的意义。

5.2 企业概况

5.2.1 企业基本情况

力博矿业有限公司铁选厂尾矿库位于河北省某县北大杖子村的西沟，拟建尾矿库区地处燕山腹地，属侵蚀构造低山地貌类型，区内总地势西南高东北低，地形标高一般在 400 ~ 700m，相对高差 300m，沟谷开阔，并呈 V 字形，沟底坡度 7 ~ 10 度，两侧山坡植被较好，坡度 35 ~ 40度，库区距离桥子沟村 800m，库内外无采矿活动和工业生产项目，无重要建筑物。

库区距离选矿厂 0.5km，距离县城 35km，距离镇政府 10km，距承秦公路 1.0km，交通便利。

选矿厂年处理原矿石 20 万吨，年产尾矿约 17 万吨，选矿厂采用磁选工艺，尾矿输送浓度约为 20%，尾矿干容重 1.5t/m^3，尾矿中不含有毒物质。

5.2.2 当地自然气候概况

场区内地形起伏较大，地面标高最大值 700m，最小值 400m，地表相对高差 300m，其地貌单元属中低山区。该区属大陆性季风气候，冬长而寒冷，夏短而炎热，多年平均气温 9.1℃，极端最高气温 41.5℃，极端最低气温 -24.2℃，最大日温差 23.8℃，历年最多风静风、西北，最多风向频率，静风 52%，西北 6%，平均风速 1.3m/s，10 分钟最大风速 21.3m/s，瞬时最大风速 26m/s。历年最大降水量 835.9mm，最小降水量 326.7mm，平均降水量 557.9mm，月最大降水量 382.8mm，24 小时最大降水量 151.4mm，1 小时最大降水量 55.0mm，10 分钟最大降水量 24.4mm，连续最大降水量 223.0mm（5 天）。历年最大积雪深度 270mm，雪压 1.8g/cm^2。电线积冰厚度 25mm，标准冻土深度 126cm。

5.2.3 库区地质地貌概况

库区出露地层主要为太古界迁西群上亚群拉马沟组（Arl）、跑马场组（Arp）、中原古界长城系常州沟组（Chc）、串岭沟组（Chch）及新生界第四系全新统（Q4）地层。矿区外围见有北东向断裂构造，断层性质表现为正断层，但区内未见大的断裂构造，主要为发育于太古界老变质岩系地层中规模较小的断裂构造，但对本区岩体并未造成破坏。

根据探井揭露及区域地质资料，库区范围内地基岩土按物质组合、埋藏条件及成因类型等特点划分为两个工程地质层，现分述如下：

（1）层角砾

黄褐色，砾石主要以石英岩残坡积物，砾石一般为粒径 0.2 ~ 3cm，最大大于 8cm，砾石以次棱角状为主，光洁度较差，分选性不好，砾石含量 50% ~70%，充填物为砂土，稍湿，稍密。场区普遍分布，厚度 0.3 ~ 3.5m，平均 1.37m，底层标高 444.5 ~ 459.7m，平均 456.63m；层地埋深 0.3 ~ 3.5m，平均 1.37m。承载力特征值 fak = 250kPa。

（2）层石英岩

灰白色，层理构造，细晶结构，岩石呈土状及碎块状。节理裂隙发育，风化强烈，为强风化层。场区普遍分布，厚度 0.5 ~ 0.6m，平均 0.53m；底层标高 444.0 ~ 459.2m，平均 454.1m；层地埋深 0.8 ~ 4.0m，平均 1.9m。承载力特征值 fak = 500kPa（经验值）。

根据场地土名称和性状，同时查表并估算场地等效剪切波速约为 510m/s，判定属岩石，建筑场地土类别属Ⅰ类，为对建筑抗震有利地段。本区抗震设防烈度为6度，设计基本地震加速度值为0.05g，该场区地形起伏较大，地貌类型单一，地层结构较简单，分布连续，无明显不良地质现象，厂区稳定性良好，适宜建筑物的兴建。

5.2.4 水文地质条件

区域地下水类型为松散岩类孔隙水和基岩裂隙水。松散岩类孔隙水分布在沟谷，含水层岩性为冲洪积砂卵砾石，厚度0.3～3m。

风化带网状基岩裂隙水主要赋存于石英砂岩风化裂隙中，富水性差。本区地下水的补给主要是大气降水，排泄方式：基岩水以泉的方式排泄或以潜流的方式向下游排泄，地下水位具有明显的季节性动态变化规律，地下水位的上升和下降、水量的培养，均与降水量密切相关，地下水不丰富。

勘查报告显示：勘查期为平水期，场区勘查水深度范围内仅3、4号孔附近有地下水，稳定地下水情况见表5-1。

表5-1 **第3、4号孔稳定地下水**

数据个数	稳定水位埋深最小值（m）	稳定水位埋深最大值（m）	稳定水位埋深平均值（m）	稳定水位标高最小值（m）	稳定水位标高最大值（m）	稳定水位标高平均值（m）
2	2.80	3.00	2.90	497.00	497.20	497.10

5.2.5 库区周边环境概况

力博矿业有限公司拟建尾矿库内外无采矿活动和工业生产项目，库区下游没有大型工业设施和重要城镇，附近没有铁路、公路、高压线路、通讯线路、文物古迹等公共设施，尾矿库不会对公共设施造成安全威胁。

5.3 自行构建尾矿库

5.3.1 尾矿库等别

根据区域的实际地形，依据该库地形情况、尾矿总量及该矿尾矿粒度组成，确定初期坝的坝高为 17m，坝底标高 445m，坝顶标高 462m，库容 420 000m^3，能够满足半年尾矿排放要求。后期尾矿坝采用上游式筑坝，用人工筑子坝，后期子坝高为 28m，坝顶标高 490m，总库容 781 200m^3，能够满足 5 年尾矿排放要求。

依据《选矿厂尾矿设计实施规范》（ZBJ-90）之第 2.0.4 条规定：尾矿库各使用期的设计等别应根据该期的全库容和坝高分别按表 5-2 确定。当两者的等差为一等时，以高者为准；当两者的等差大于一等时，按高者降低一等。尾矿库失事将使下游主要城镇、工矿企业或铁路干线遭受严重灾害者，其设计等别应提高一等。

表 5-2　　　　**尾矿库的等别**

等别	全库容 v（万立方米）	坝高 h（米）
一	二等库具备提高等别条件者	
二	v≥10 000	h≥100
三	1 000≤ v<10 000	60≤ h<100
四	100≤ v<1 000	30≤ h<60
五	v<100	h<30

该尾矿库最终总坝高 45m，总库容为 781 200m^3，因此，该尾矿库为四等库。

5.3.2　尾矿库建设方案

（1）初期坝

初期坝选择透水石坝坝型，该坝型可有效降低后期尾矿坝浸润线，提高后期尾矿坝的安全性。

根据区域的实际地形，依据该库地形情况、尾矿总量及该矿尾矿粒度组成，确定初期坝的坝高为 17m，坝底标高 445m，坝顶标高 462m，库容 420 000m^3，选矿厂年产尾矿量约 91 万吨，尾矿堆积干容量按 1.5t/m^3，充填系数按 0.75 计算，能够满足半年尾矿排放要求。

初期坝结构确定采用透水型堆石坝，取材方便经济，坝顶宽度 3m，外坡比 1 ∶ 1.75，内坡比 1 ∶ 1.6，初期坝总长 75m，坝体堆石量为

26 700 m^3，对坝基应进行清基处理，清除坝基和岸坡的树木、树根、草皮、洞穴，清理完成后堆积块石筑坝。

（2）筑坝工艺

尾矿输送管道由选矿厂铺设至尾矿库，先沿初期坝顶铺设主管道，每隔5m设一放矿支管分散放矿，后期尾矿坝采用上游式筑坝，用人工筑子坝，每期子坝高度为1m，顶宽2m，子坝外坡比为1∶2.0，内坡比为1：2.0。每期子坝向内错台宽度为2m，以保证尾矿坝外边坡度的平均比为1∶4，然后将主管道移到子坝上，再采取支管分散放矿，后期子坝高为28m，坝顶标高490m，经分析总库容781 200m^3，能够满足5年尾矿排放要求。

（3）洪水计算

该尾矿库为四等尾矿库，按《选矿厂尾矿设施设计规定》，防洪标准初期按50年一遇，中后期按100年一遇，该库区汇水面积约0.29km^2，根据当地水文资料计算，其设计洪峰流量Q24p及汇流时间T（h)见表5-3。

表5-3 **设计洪峰流量及汇流时间**

频率	P=2%	P=1%
Q24p（m^3/s）	3.80	4.42
W24p（万m^3）	1.54	1.79
T（h）	2.70	2.80

尾矿库运行到中、后期还应对排洪设施进行验算。

（4）排水系统

考虑到该库的汇水面积较小，加之该矿山选矿工艺为磁选，尾矿中不含有毒物质，尾矿库内澄清水通过尾矿库排水斜槽排入坝外集水池，非汛期时由回水设施闭路循环使用，遇洪水时将多余洪水排入下游河道。

库内回水采用1.0m×1.2m的斜槽，共长399m，斜槽采用C20现浇混凝土结构，盖板采用C20混凝土预制，为防止因基础不均匀沉降及温度应力造成斜槽纵向断裂，斜槽每隔4m设置一道沉降缝，沉降缝由特制橡胶止水带连接，止水带两侧夹浸油木板，排水斜槽施工完成后两侧用原土回填夯实。

为防止斜槽盖板渗漏尾矿，在盖板顶部铺盖一层 $400g/m^2$ 土工布，土工布的铺设随库水位淹没盖板的上升情况及时铺设，并在土工布上压盖 100mm 厚的细碎石层。

为防止斜槽排水时冲刷坝体下游坡脚影响坝体安全和尾矿水回收利用需要，在斜槽出口设置一个长 3.0m、宽 2.5m、深 2.5m 的集水池。

（5）坝体稳定性验算及斜槽过流能力验算

坝体结构满足规范要求，初期坝稳定性验算过程略，后期坝的坝体稳定计算采用圆弧法，计算工况选取筑坝达到设计最终堆积标高时发生设计洪水的情况，荷载组合为坝体自重及最高洪水位时形成的稳定渗透压力。经计算，坝坡的抗滑稳定安全系数为 1.52，符合规范要求。

库内回水采用排水斜槽，斜槽断面 1.0m×1.2m，过流力为 $5.7m^3/s$，库区 100 年一遇最大洪峰流量 $4.42m^3/s$，可以满足排洪的需要。

（6）经济指标

该项目总投资 1 500 万元，尾矿坝部分投资估算为 159.7 万元，约占总投资的 10.6%，其中初期坝投资 135 万元，排水斜槽 22.2 万元，集水池 2.5 万元。对比同类企业运行的尾矿库投资，该投资比例合理，尾矿库可研方案在经济上可行。

5.4 数据分析

5.4.1 主观赋权法——层次分析法

首先运用层次分析法，依据第 4 章所提供的方法求出主观权重值，为最终决策做准备。简单叙述计算步骤如下：

计算每一行的积：

$$M_i = \prod_{j=1}^{n} u_{ij},\ i = 1,\ 2,\ \cdots,\ n$$

计算 M_i 的 n 次方根$\overline{W}_i$：

$$\overline{W}_i = \sqrt[n]{M_i}$$

对向量 $\overline{W} = [\overline{W}_1,\ \overline{W}_2,\ \cdots,\ \overline{W}_n]^T$ 正规化，即：

$$W_i = \frac{\overline{W}_i}{\sum_{j=1}^{n} \overline{W}_j}(i = 1,\ 2,\ \cdots,\ n)$$

则 $W = [W_1,\ W_2,\ \cdots,\ W_n]^T$ 即为所求特征向量。把 W 的分量 W_j 作为对应单元单排序的权值。当一个准则所支配的子准则都计算出权重向量后，再逐层合成即可算出方案在总准则下的优先顺序。算出各方案对总准则的重要性后进行排序就可以得到优劣顺序。

一致性检验：

计算判断矩阵的最大特征根 λ_{max}，将判断矩阵 A 与矩阵 W 相乘：

$$(AW)_i = \sum_{j=1}^{n} (u_{ij} \times W_j)$$

$$\lambda_{max} = \sum_{i=1}^{n} \frac{(AW)_i}{n \times W_i}(i = 1,\ 2,\ \cdots,\ n)$$

详细步骤如下（见表 5-4 至表 5-9）。

表 5-4 **逆向物流模式决策判断矩阵及权重**

U	U_1	U_2	U_3	U_4	U_5	权重
U_1	1	3	3	5	7	0.4541
U_2	1/3	1	4	2	7	0.2580
U_3	1/3	1/4	1	3	5	0.1503
U_4	1/5	1/2	1/3	1	4	0.1042
U_5	1/7	1/7	1/5	1/6	1	0.0334

$\lambda_{max} = 5.3876$

$CI = 0.0969$

$RI = 1.12$

$CR = 0.0865 < 0.1$

可见判断矩阵具有满意的一致性。

表 5-5　　经济效益判断矩阵及权重

U_1	U_{11}	U_{12}	U_{13}	U_{14}	U_{15}	权重
U_{11}	1	5	7	3	2	0.7827
U_{12}	1/5	1	3	1/4	1/4	0.1429
U_{13}	1/7	1/3	1	1/5	1/5	0.0779
U_{14}	1/3	4	5	1	1/2	0.3494
U_{15}	1/2	4	5	2	1	0.4887

$\lambda_{max}=5.1975$

$CI=0.0493$

$RI=1.12$

$CR=0.0441<0.1$

可见判断矩阵具有满意的一致性。

表 5-6　　企业学习与成长判断矩阵及权重

U_2	U_{21}	U_{22}	U_{23}	U_{24}	U_{25}	权重
U_{21}	1	5	2	1/2	2	0.5018
U_{22}	1/5	1	1/2	1/4	1/2	0.1321
U_{23}	1/2	2	1	1/3	1/4	0.1989
U_{24}	2	4	3	1	3	0.7481
U_{25}	1/2	2	4	1/3	1	0.3628

$\lambda_{max}=5.3004$

$CI=0.0751$

$RI=1.12$

$CR=0.0671<0.1$

可见判断矩阵具有满意的一致性。

表 5-7　　外部压力判断矩阵及权重

U_3	U_{31}	U_{32}	U_{33}	U_{34}	U_{35}	U_{36}	权重
U_{31}	1	5	2	4	3	3	0.7481
U_{32}	1/5	1	1/4	1/2	1/3	1/4	0.0973
U_{33}	1/2	4	1	3	2	1/2	0.3630
U_{34}	1/4	2	1/3	1	1/2	1/3	0.1481
U_{35}	1/3	3	1/2	2	1	1/3	0.2254
U_{36}	1/3	4	2	3	3	1	0.4757

$\lambda_{max}=6.2246$

$CI=0.045$

$RI=1.26$

$CR=0.0357<0.1$

可见判断矩阵具有满意的一致性。

表 5-8 **法律约束判断矩阵及权重**

U_4	U_{41}	U_{42}	U_{43}	U_{44}	权重
U_{41}	1	7	5	3	0.9173
U_{42}	1/7	1	1/3	1/2	0.1044
U_{43}	1/5	3	1	3	0.3322
U_{44}	1/3	2	1/3	1	0.1931

$\lambda_{max}=4.2391$

$CI=0.0797$

$RI=0.89$

$CR=0.0896<0.1$

可见判断矩阵具有满意的一致性。

表 5-9 **社会责任判断矩阵及权重**

U_5	U_{51}	U_{52}	U_{53}	U_{54}	权重
U_{51}	1	1/3	1/2	1/7	0.1313
U_{52}	3	1	2	1/2	0.4407
U_{53}	2	3	1	1/3	0.2544
U_{54}	7	2	3	1	0.8508

$\lambda_{max}=4.0133$

$CI=0.004$

$RI=0.89$

$CR=0.00498<0.1$

可见判断矩阵具有满意的一致性。

子准则层对方案层的判断矩阵及排序见附表 1 ~ 附表 24。

与子准则层相关的 λ_{max}，n，CI，RI，CR 值汇总见附表 25。

求出准则层对目标层的单排序$(W_0^1, W_0^2, W_0^3, W_0^4, W_0^5)^T$后，进行归一化处理，得到：层次分析法的权重向量为$\omega=(0.4541, 0.2580, 0.1503, 0.1042, 0.0334)^T$。

5.4.2 客观赋权法——熵值法

(1) 量化逆向物流决策指标

在多指标评价中，对于只能定性描述的模糊指标，必须赋值，使其定量化。一般说来，对于指标最优值可赋值 10，对于指标最劣值可赋值 0，如图 5-1 所示。

图 5-1　指标赋值标准

按照模糊指标量化图，对 10 位专家评定的 U_{11} 至 U_{54} 共 24 个指标的权重进行量化。量化结果如表 5-10 所示。

表 5-10　**指标量化表**

		1	2	3	4	5	6	7	8	9	10
U_1	U_{11}	9	5	3	7	1	5	3	7	7	5
	U_{12}	3	7	1	3	5	1	3	3	7	9
	U_{13}	3	1	5	3	7	5	9	9	7	7
	U_{14}	1	7	3	5	3	7	5	3	3	9
	U_{15}	3	5	1	7	5	3	7	9	7	5
U_2	U_{21}	5	3	7	1	7	5	9	3	1	9
	U_{22}	7	3	7	9	5	7	5	3	9	1
	U_{23}	1	9	5	7	7	7	9	7	3	5
	U_{24}	7	7	5	9	5	9	3	5	1	7
	U_{25}	3	5	7	3	7	5	1	3	7	7
U_3	U_{31}	5	3	5	1	5	9	7	3	5	7
	U_{32}	1	7	3	5	7	9	5	9	7	5
	U_{33}	1	7	5	3	9	7	5	3	3	3
	U_{34}	5	9	1	7	3	3	7	5	5	7
	U_{35}	3	1	3	3	5	7	3	7	9	5
	U_{36}	9	3	5	7	3	5	9	9	7	5
U_4	U_{41}	3	5	7	1	3	7	5	5	9	7
	U_{42}	1	7	3	5	7	7	3	5	1	5
	U_{43}	5	3	7	1	5	7	9	9	7	5
	U_{44}	3	7	1	7	3	5	7	9	5	3
U_5	U_{51}	7	5	3	7	9	5	1	5	3	7
	U_{52}	7	7	5	1	3	3	5	3	1	3
	U_{53}	9	7	5	3	1	3	5	3	1	3
	U_{54}	3	7	9	9	5	1	3	7	5	9

（2）计算第 i 项指标下，第 j 个系统中的特征比重（结果见表 5-11）

表 5-11 **指标权重表**

	U_{ij}									
U_{11}	0.1731	0.0962	0.0577	0.1346	0.0192	0.0962	0.0577	0.1346	0.1346	0.0962
U_{12}	0.0714	0.1667	0.0238	0.0714	0.119	0.0238	0.0714	0.0714	0.1667	0.2143
U_{13}	0.0536	0.0179	0.0893	0.0536	0.125	0.0893	0.1607	0.1607	0.125	0.125
U_{14}	0.0217	0.1522	0.0652	0.1087	0.0652	0.1522	0.1087	0.0652	0.0652	0.1957
U_{15}	0.0577	0.0962	0.0192	0.1346	0.0962	0.0577	0.1346	0.1731	0.1346	0.0962
U_{21}	0.1	0.06	0.14	0.02	0.14	0.1	0.18	0.06	0.02	0.18
U_{22}	0.125	0.0536	0.125	0.1607	0.0893	0.125	0.0893	0.0536	0.1607	0.0179
U_{23}	0.0167	0.15	0.0833	0.1167	0.1167	0.1167	0.15	0.1167	0.05	0.0833
U_{24}	0.1207	0.1207	0.0862	0.1552	0.0862	0.1552	0.0517	0.0862	0.0172	0.1207
U_{25}	0.0625	0.1042	0.1458	0.0625	0.1458	0.1042	0.0208	0.0625	0.1458	0.1458
U_{31}	0.1	0.06	0.1	0.02	0.1	0.18	0.14	0.06	0.1	0.14
U_{32}	0.0172	0.1207	0.0517	0.0862	0.1207	0.1552	0.0862	0.1552	0.1207	0.0862
U_{33}	0.0217	0.1522	0.1087	0.0652	0.1957	0.1522	0.1087	0.0652	0.0652	0.0652
U_{34}	0.0962	0.1731	0.0192	0.1346	0.0577	0.0577	0.1346	0.0962	0.0962	0.1346
U_{35}	0.0652	0.0217	0.0652	0.0652	0.1087	0.1522	0.0652	0.1522	0.1957	0.1087
U_{36}	0.1452	0.0484	0.0806	0.1129	0.0484	0.0806	0.1452	0.1452	0.1129	0.0806
U_{41}	0.0577	0.0962	0.1346	0.0192	0.0577	0.1346	0.0962	0.0962	0.1731	0.1346
U_{42}	0.0227	0.1591	0.0682	0.1136	0.1591	0.1591	0.0682	0.1136	0.0227	0.1136
U_{43}	0.0862	0.0517	0.1207	0.0172	0.0862	0.1207	0.1552	0.1552	0.1207	0.0862
U_{44}	0.06	0.14	0.02	0.14	0.06	0.1	0.14	0.18	0.1	0.06
U_{51}	0.1346	0.0962	0.0577	0.1346	0.1731	0.0962	0.0192	0.0962	0.0577	0.1346
U_{52}	0.1842	0.1842	0.1316	0.0263	0.0789	0.0789	0.1316	0.0789	0.0263	0.0789
U_{53}	0.225	0.175	0.125	0.075	0.025	0.075	0.125	0.075	0.025	0.075
U_{54}	0.0517	0.1207	0.1552	0.1552	0.0862	0.0172	0.0517	0.1207	0.0862	0.1552

（3）计算第 i 项指标的熵值，此时 n=10，计算指标 U_{ij} 的差异性系数（见表 5-12）

表 5-12 差异性系数表

	U_{11}	U_{12}	U_{13}	U_{14}	U_{15}	U_{21}	U_{22}	U_{23}	U_{24}
e_i	0.2298	0.1329	0.1422	0.0907	0.1685	0.1556	0.2703	0.132	0.1881
d_i	0.7702	0.8671	0.8578	0.9093	0.8315	0.8444	0.7297	0.868	0.8119
	U_{25}	U_{31}	U_{32}	U_{33}	U_{34}	U_{35}	U_{36}	U_{41}	U_{42}
e_i	0.1468	0.173	0.1301	0.1701	0.172	0.1701	0.2231	0.1436	0.1332
d_i	0.8532	0.827	0.8699	0.8299	0.828	0.8299	0.7769	0.8564	0.8668
	U_{43}	U_{44}	U_{51}	U_{52}	U_{53}	U_{54}			
e_i	0.1913	0.2061	0.1921	0.2666	0.278	0.1258			
d_i	0.8087	0.7939	0.8079	0.7334	0.722	0.8742			

①U_{ij} 层指标权重。

计算隶属于 U_i 的各指标的权重（见表 5-13 至表 5-17）。

表 5-13 隶属于 U_1 的指标权重

	U_1				
指标	U_{11}	U_{12}	U_{13}	U_{14}	U_{15}
权重	0.1818	0.2047	0.2025	0.2147	0.1963

表 5-14 隶属于 U_2 的指标权重

	U_2				
指标	U_{21}	U_{22}	U_{23}	U_{24}	U_{25}
权重	0.2056	0.1777	0.2113	0.1977	0.2077

表 5-15 隶属于 U_3 的指标权重

	U_3					
指标	U_{31}	U_{32}	U_{33}	U_{34}	U_{35}	U_{36}
权重	0.1667	0.1753	0.1673	0.1669	0.1673	0.1566

表 5-16 隶属于 U_4 的指标权重

	U_4			
指标	U_{41}	U_{42}	U_{43}	U_{44}
权重	0.2575	0.2606	0.2432	0.2387

表 5-17 隶属于 U_5 的指标权重

	U_5			
指标	U_{51}	U_{52}	U_{53}	U_{54}
权重	0.2575	0.2338	0.2301	0.2786

②U_i 层指标权重。

该层指标权重计算分两步进行：首先计算其差异性系数，然后根据各自的差异性系数，用加权算数平均法计算指标权重（见表 5-18）。

表 5-18 U_i 的指标权重

	U_i				
指标	d_{U_1}	d_{U_2}	d_{U_3}	d_{U_4}	d_{U_5}
权重	0.8497	0.8244	0.8278	0.8326	0.7892

再利用公式 $w_i = \frac{d_i}{\sum_{i=1}^{n} d_i}$ 求得 U_i 层一级指标权重，即由熵值法得到的指标权重为：$\mu = (0.2601, 0.1999, 0.2007, 0.2019, 0.1914)^T$。不考虑层次指标及隶属关系的整体权重见表 5-19。

表 5-19 不考虑层次指标及隶属关系的整体权重

U_1	0.2601	U_2	0.1999	U_3	0.2007	U_4	0.2019	U_5	0.1914
U_{11}	0.0473	U_{21}	0.0347	U_{31}	0.0277	U_{41}	0.0445	U_{51}	0.0398
U_{12}	0.0532	U_{22}	0.0259	U_{32}	0.0306	U_{42}	0.0456	U_{52}	0.0328
U_{13}	0.0527	U_{23}	0.0367	U_{33}	0.0279	U_{43}	0.0397	U_{53}	0.0318
U_{14}	0.0558	U_{24}	0.0321	U_{34}	0.0277	U_{44}	0.0383	U_{54}	0.0466
U_{15}	0.0511	U_{25}	0.0354	U_{35}	0.0279				
				U_{36}	0.0244				

5.4.3 组合赋权分析及结论

经上述分析，考虑到决策者对赋权方法的偏好，并通过成功案例分析，得到经验值 $\alpha=0.4$，$\beta=0.6$，表示做类似决策问题，决策者对客观赋权方式更加重视，由式（4-6）得到组合权重向量为：

$W=(0.1986, 0.1413, 0.1322, 0.1302, 0.1213)^T$

归一化得：

$W'=(0.2744, 0.1953, 0.1826, 0.18, 0.1677)^T$

根据前述资料提供的信息，按照铁矿开采行业的基本情况，对三种决策方案分析得到多属性决策矩阵如下：

$$X=\begin{bmatrix}0.523 & 0.437 & 0.421 & 0.286 & 0.297\\ 0.766 & 0.582 & 0.379 & 0.202 & 0.213\\ 0.619 & 0.415 & 0.405 & 0.253 & 0.182\end{bmatrix}$$

规范化决策矩阵为：

$$R=\begin{bmatrix}0.6828 & 0.7509 & 0.9002 & 0.7063 & 0.6128\\ 1 & 1 & 1 & 1 & 0.8545\\ 0.8081 & 0.7131 & 0.9358 & 0.7984 & 1\end{bmatrix}$$

对于 R 取最优点为：

$r_j^+=(1, 1, \cdots, 1)^T$，$r_j^-=(0.6828, 0.7131, 0.9002, 0.7063, 0.6128)^T$

将 W 分别代入

$$d_i^+(w)=\left[\sum_{j=1}^{n}((r_{ij}-r_j^+)w_j)^2\right]^{\frac{1}{2}} \text{和} d_i^-(w)=\left[\sum_{j=1}^{n}((r_{ij}-r_j^-)w_j)^2\right]^{\frac{1}{2}}$$

得：

$d_1^+(w)=0.1315$，$d_2^+(w)=0.0244$，$d_3^+(w)=0.0858$

$d_1^-(w)=0.0074$，$d_2^-(w)=0.1244$，$d_3^-(w)=0.0756$

则有：

$d^+(w)=0.0244$，$d^-(w)=0.1244$

将上述数值代入 $D_i(w)=\dfrac{d_i^+(w)}{d^+(w)}-\dfrac{d_i^-(w)}{d^-(w)}$，可得 $D_1(w)=5.3294$，$D_2(w)=0$，$D_3(w)=2.91$。易见 $D_2(w)<D_3(w)<D_1(w)$，方案排序为 $A_2>A_3>A_1$，因此，对于该矿的尾矿库建设应该主张联营建设方案，由各企业联合处理逆向物流，这与企业各职能部门及领导最初的预见结果也相符合，从而证明该方法具有重要的实践指导意义和理论支持作用。

第6章　结论与展望

随着全球资源稀缺的压力逐步增大，社会环保意识的不断提高，市场竞争的日趋激烈以及客户服务要求的不断提高，商品的退货处理、废弃物的回收处理、储运包装物的回收利用等类似活动在许多企业中已粗具规模，由此产生的社会效应也越来越显著。从广义的概念来讲，物品由于某种原因从消费环节到分销环节，或从分销环节到生产环节等一系列逆向流动过程都属于逆向物流的范畴，这一领域已经受到理论界与实践界的广泛关注。

本书着眼于循环经济与可持续发展理念，从供应链管理的角度出发，对逆向物流管理的决策模式进行理论与方法的深入探讨。对于存在逆向物流业务的企业而言，有企业自营、生产商联营和逆向物流外包模式等多种选择，然而，对于特定行业和企业，该选择哪种方式，或是哪几种方式的综合，则是一个重要战略决策问题，因此，本书深入探讨了逆向物流传统模式、企业自营、生产商联营和逆向物流外包模式各自的优势、劣势、适用条件等，为企业决策提供基础的分析依据。并且，对逆向物流模式决策这一多属性决策问题的决策方法进行了深入研究，并提供一种简单、实用、科学的基于密切值法的组合赋权多属性决策方法，为逆向物流决策模式的选择提供方法依据。最后，以一个铁矿尾矿库的建设方案为实证，运用该组合赋权多属性决策方法对其进行决策，最终得到满意的结果。

根据本书的分析，得到如下结论：

第一，根据逆向物流的特征与特性，本着循环经济与可持续发展思想的原则，为了获得更好的经济效益与社会效益，达到保护环境、造福人类的目的，逆向物流的体系设计应遵循供应链的基本理论，构建循环闭合的逆向物流网络，合理配置现有资源，实现正向物流与逆向物流的和谐统一。

第二，通过对传统逆向物流回收模式、企业自营逆向物流模式、生产商联营模式和逆向物流外包模式的优势、劣势、适用条件等的详尽比较分析后得出：由于自身资源和能力的限制，一个企业不可能拥有整个价值链上的众多优势，将逆向物流业务外包给专业的逆向物流企业，或者由同行业多家生产商共同协作、联营管理是现实可行的方案，符合核心竞争力理论和交易费用理论原则。

第三，对于逆向物流模式选择的现实战略问题，通过对国内外学者在相关领域的研究成果的学习和研究，从经济效益、企业学习与成长、外部压力、社会责任、法制约束五个维度建立决策指标体系，对逆向物流决策问题进行系统描述，为企业解决实际问题提供参考。

第四，对于多属性决策问题的研究，在现有密切值法的基础上，综合考虑以主、客观两类方法在实际应用中的优缺点，对多属性决策问题的权重确定采用主观赋权法与客观赋权法相结合的组合赋权思路，并且充分考虑到决策者对赋权方法的偏好程度，提出解决多属性决策问题的有效方法，并通过算例证明其合理性、科学性。

第五，针对尾矿处理这一逆向物流问题，在充分考虑现实背景的前提下，运用本书构建的指标体系和提供的多属性决策方法，对尾矿库建立问题进行决策，并充分证实了该指标体系的合理性，基于密切值法的组合赋权多属性决策方法的可行性，得到很好的结果。对企业解决逆向物流决策模式问题有指导意义。

尽管本书试图从理论、方法和实践上对逆向物流模式选择问题进行全面深入的研究，但是由于逆向物流目前的研究尚处初级阶段，研究资料少，调研难度大，尤其国内的成功实践案例难得一见，加之作者能力和水平所限，不足之处在所难免，未来除了对库存管理、逆向物流网络规划、选址等传统问题进行研究外，更应该对以下方面进行深入研究：

（1）逆向物流管理发展标准化问题

逆向物流不仅是企业管理层面的问题，还涉及许多安全、环保等领域的问题，因此在逆向物流管理的标准化过程中，既要重视推荐性标准的统一、规范及指导作用，又不能忽视强制性标准在某些方面的法律属性，二者结合运用才能真正有利于我国逆向物流管理水平的提高。

逆向物流领域的相关标准在物流技术、物流管理、物流服务等几个方面都有所涉及，其中“库存商品退货管理规范”已列入推荐性国家标准的计划项目。但总体来说，目前我国逆向物流的标准化水平较低，仍在积极的探索与发展之中。标准化、规范化的逆向物流管理不仅在企业层面有利于提高顾客满意率及服务质量，有利于提高企业的市场竞争力、减少成本，而且在社会层面有利于提高资源利用率、节约自然资源，有利于环境保护。因此，从商品退货、储运包装容器、电子废弃物三个方面加快我国逆向物流领域的产品、技术、管理等方面标准的制定、修订，对规范我国逆向物流管理水平，提高逆向物流运作效率有着积极的推动作用，同时对我国经济的可持续性发展具有深远意义。

逆向物流涉及供应、生产、分销、消费等供应链的多个环节，所以其管理过程的标准化应该从供应链的整体角度进行实施。作为指导企业生产、管理、服务等相关活动的依据，应该从哪些方面进行更加标准化的管理，是未来研究和实施的主要工作。

（2）逆向物流体系结构

随着经济的发展，人类的知识财富越发丰富，各学科的互相借鉴也为老问题注入新的解决思想。从供应链的角度出发，运用现代化的信息与通信技术，构建正向物流与逆向物流一体化的物流体系，使正向物流与逆向物流做到真正的完美结合，是未来物流管理的重要任务。

（3）逆向物流管理研究

对逆向物流业务的处理中，必然涉及供应链上多个节点的活动，对于逆向物流系统中各个成员之间的关系、决策机制、利润分配、契约合同的订立、决策权力的调配，还没有统一的标准和切实有效的方法，需要我们综合多学科的研究成果，进一步深入研究。

（4）逆向物流供应商的选择

供应商选择问题由来已久，针对逆向物流的特殊性，逆向物流需求企业如何选择适合的第三方逆向物流供应商，很可能影响企业的运作与发展，尤其是环境恶化的问题日益严重，保护地球、保护资源的呼声日高，促使生产者责任延伸制度日臻完善，许多企业的逆向物流问题更加严峻。在这种环境下，如何评价、选择合理的供应商，亟待解决方案。

（5）决策方法研究

无论是逆向物流决策模式选择，还是第三方逆向物流供应商的评价与选择，都需要科学合理的理论方法支持，合理有效的多属性决策问题方法，将会对战略问题的决策起到至关重要的作用，甚至影响最终方案的选择，况且，在实际生活与生产中，多属性决策问题随处可见，然而对组合赋权的决策方法和理论的研究还有很多不足，有待进一步深入。

附录　实证分析相关计算表

子准则层对方案层的判断矩阵及排序见附表 1 至附表 24。

附表 1　　U_{11}判断矩阵及权重

U_{11}	P_1	P_2	P_3	权重
P_1	1	3	4	0. 9027
P_2	1/3	1	3	0. 3943
P_3	1/4	1/3	1	0. 1722

附表 2　　U_{12}判断矩阵及权重

U_{12}	P_1	P_2	P_3	权重
P_1	1	5	7	0. 9628
P_2	1/5	1	3	0. 2483
P_3	1/7	1/3	1	0. 1067

附表 3　　U_{13}判断矩阵及权重

U_{13}	P_1	P_2	P_3	权重
P_1	1	1/3	1/4	0. 1722
P_2	3	1	1/3	0. 3943
P_3	4	3	1	0. 9027

附表 4　　U_{14}判断矩阵及权重

U_{14}	P_1	P_2	P_3	权重
P_1	1	1/3	1/3	0. 2294
P_2	3	1	1	0. 6882
P_3	3	1	1	0. 6882

附表 5　　U_{15}判断矩阵及权重

U_{15}	P_1	P_2	P_3	权重
P_1	1	3	7	0. 9331
P_2	1/3	1	3	0. 3382
P_3	1/7	1/3	1	0. 1226

附表 6　　U_{21}判断矩阵及权重

U_{21}	P_1	P_2	P_3	权重
P_1	1	5	7	0. 9628
P_2	1/5	1	3	0. 2483
P_3	1/7	1/3	1	0. 1067

附表 7　　U_{22}判断矩阵及权重

U_{22}	P_1	P_2	P_3	权重
P_1	1	1/3	1/6	0. 1177
P_2	3	1	1/5	0. 2601
P_3	6	5	1	0. 9584

附表 8　　U_{23}判断矩阵及权重

U_{23}	P_1	P_2	P_3	权重
P_1	1	1/3	1/7	0. 1067
P_2	3	1	1/5	0. 2483
P_3	7	5	1	0. 9628

附表 9　　U_{24}判断矩阵及权重

U_{24}	P_1	P_2	P_3	权重
P_1	1	1/5	1/6	0. 1112
P_2	5	1	1/3	0. 4096
P_3	6	3	1	0. 9055

附表 10　　U_{25}判断矩阵及权重

U_{25}	P_1	P_2	P_3	权重
P_1	1	4	7	0.9518
P_2	1/4	1	3	0.2848
P_3	1/7	1/3	1	0.1136

附表 11　　U_{31}判断矩阵及权重

U_{31}	P_1	P_2	P_3	权重
P_1	1	3	6	0.9152
P_2	1/3	1	4	0.3844
P_3	1/6	1/4	1	0.1211

附表 12　　U_{32}判断矩阵及权重

U_{32}	P_1	P_2	P_3	权重
P_1	1	2	4	0.8527
P_2	1/2	1	3	0.4881
P_3	1/4	1/3	1	0.1862

附表 13　　U_{33}判断矩阵及权重

U_{33}	P_1	P_2	P_3	权重
P_1	1	2	4	0.8527
P_2	1/2	1	3	0.4881
P_3	1/4	1/3	1	0.1862

附表 14　　U_{34}判断矩阵及权重

U_{34}	P_1	P_2	P_3	权重
P_1	1	1/4	1/5	0.1352
P_2	4	1	1/3	0.4038
P_3	5	3	1	0.9048

附表 15　　U_{35}判断矩阵及权重

U_{35}	P_1	P_2	P_3	权重
P_1	1	1/7	1/4	0.1235
P_2	7	1	1/3	0.4975
P_3	4	3	1	0.8587

附表 16　　U_{36} 判断矩阵及权重

U_{36}	P_1	P_2	P_3	权重
P_1	1	1/6	1/5	0.1232
P_2	6	1	1/2	0.5521
P_3	5	2	1	0.8247

附表 17　　U_{41} 判断矩阵及权重

U_{41}	P_1	P_2	P_3	权重
P_1	1	4	3	0.9154
P_2	1/4	1	1/2	0.1999
P_3	1/3	2	1	0.3493

附表 18　　U_{42} 判断矩阵及权重

U_{42}	P_1	P_2	P_3	权重
P_1	1	3	2	0.8257
P_2	1/3	1	1/3	0.2184
P_3	1/2	3	1	0.5201

附表 19　　U_{43} 判断矩阵及权重

U_{43}	P_1	P_2	P_3	权重
P_1	1	1/5	1/2	0.2135
P_2	5	1	1	0.7865
P_3	2	1	1	0.5795

附表 20　　U_{44} 判断矩阵及权重

U_{44}	P_1	P_2	P_3	权重
P_1	1	1/4	1/7	0.1102
P_2	4	1	1/3	0.3683
P_3	7	3	1	0.9232

附表 21　　U_{51} 判断矩阵及权重

U_{51}	P_1	P_2	P_3	权重
P_1	1	1/3	1/6	0.1177
P_2	3	1	1/5	0.2601
P_3	6	5	1	0.9584

附表 22 U_{52}判断矩阵及权重

U_{52}	P_1	P_2	P_3	权重
P_1	1	1/7	1/5	0.1013
P_2	7	1	3	0.9140
P_3	5	1/3	1	0.3928

附表 23 U_{53}判断矩阵及权重

U_{53}	P_1	P_2	P_3	权重
P_1	1	1/5	1/3	0.1784
P_2	5	1	1	0.7522
P_3	3	1	1	0.6344

附表 24 U_{54}判断矩阵及权重

U_{54}	P_1	P_2	P_3	权重
P_1	1	1/5	1/3	0.1506
P_2	5	1	3	0.9161
P_3	3	1/3	1	0.3715

与子准则层相关的 λ_{max}，n，CI，RI，CR 值汇总如附表 25 所示。

附表 25 子准则层相关数值汇总表

	U_{11}	U_{12}	U_{13}	U_{14}	U_{15}	U_{21}	U_{22}	U_{23}	U_{24}
λ_{max}	3.0735	3.1431	3.0735	3.0000	3.2948	3.0649	3.0940	3.0649	3.094
n	3	3	3	3	3	3	3	3	3
CI	0.0368	0.0716	0.0368	0	0.1474	0.0325	0.047	0.0325	0.047
RI	0.52	0.52	0.52	0.52	0.52	0.52	0.52	0.52	0.52
CR	0.0707	0.1376	0.0707	0	0.2835	0.0624	0.0904	0.0624	0.0904

	U_{25}	U_{31}	U_{32}	U_{33}	U_{34}	U_{35}	U_{36}	U_{41}	U_{42}
λ_{max}	3.0324	3.0536	3.0183	3.0183	3.0858	3.3134	3.0858	3.0183	3.0536
n	3	3	3	3	3	3	3	3	3
CI	0.0162	0.0268	0.0092	0.0092	0.0429	0.1567	0.0429	0.0091	0.0268
RI	0.52	0.52	0.52	0.52	0.52	0.52	0.52	0.52	0.52
CR	0.0312	0.0515	0.0176	0.0176	0.0825	0.3013	0.0825	0.0176	0.0515

续表

	U_{43}	U_{44}	U_{51}	U_{52}	U_{53}	U_{54}
λ_{max}	3.094	3.0324	3.094	3.0649	3.0291	3.0385
n	3	3	3	3	3	3
CI	0.047	0.0162	0.047	0.0325	0.0146	0.0193
RI	0.52	0.52	0.52	0.52	0.52	0.52
CR	0.0904	0.0312	0.0904	0.0624	0.028	0.037

参考文献

[1] 龚英．循环经济下的回收物流［M］．北京：中国物资出版社，2007.

[2] 张新颖，郑明．回收物流［M］．北京：中国物资出版社，2003.

[3] 郭亚军．综合评价理论与方法［M］．北京：科学出版社，2002.

[4] 史占中．企业战略联盟［M］．上海：上海财经大学出版社，2001.

[5] 刘志学．现代物流手册［Z］．北京：中国物资出版社，2001.

[6] 马士华．供应链管理［M］．北京：机械工业出版社，2000.

[7] 许树柏．层次分析法原理［M］．天津：天津大学出版社，1988.

[8] 熊中楷，方行，张聪誉．以旧换新收购方式下的逆向物流网络优化设计［J］．中国管理科学，2011，19（6）：65-72.

[9] 晏妮娜，黄小原．基于第三方逆向物流的闭环供应链模型及应用［J］．管理科学学报，2008，11（4）：83-93.

［10］ 方楠，张江山．密切值法与污染损失率法在大气环境质量评价中的综合应用［J］．环境科学导刊，2007，26（2）：64-66.

［11］ 王蓓，孙林岩．基于 ANP 方法的逆向物流决策模型和算法［J］．软科学，2007，21（2）：20-24.

［12］ 吕庆华，杨永超．论电子产品逆向物流运营新模式［J］．山西财经大学学报，2007（4）：44-50.

［13］ 张敬文．基于循环经济的逆向物流管理［J］．商业研究，2007，359（3）：197-199.

［14］ 龚英．加速循环经济中的企业逆向物流建设［J］．中国流通经济，2006（6）：38-39.

［15］ 谢黎黎．企业逆向物流运作模式与决策研究［D］．大连：大连理工大学，2006.

［16］ 赖芸．贵屿故事——记一电子废物拆解地［J］．资源与人居环境，2006（7）：44-49.

［17］ 陈丽萍．物流外包的风险研究［D］．武汉：武汉理工大学，2006.

［18］ 何玲辉，周根贵．浅析第三方逆向物流［J］．物流技术，2005（7）：16-17，29.

［19］ 田军，冯耕中．加强电子废弃物管理的政策制度研究［J］．中国软科学，2005（12）：33-34.

［20］ 孙林岩，王蓓．逆向物流的研究现状和发展趋势［J］．中国机械工程，2005，16（10）：928-934.

［21］ 胡继灵，张志文．退货逆向物流管理策略研究［J］．物流科技，2005，28（118）：73-76.

［22］ 徐剑，张云里，金玉然．废旧电子产品回收网络研究［J］．物流科技，2005（7）：56-59.

［23］ 马跃．逆向物流的最佳选择——第三方逆向物流管理公司［J］．中国物流与采购，2005（5）：72-73.

［24］ 贾小玫，冉净斐．逆向物流的博弈分析［J］．商业经济与管理，2005，160（2）：9-12，42.

[25] 王科. 从电子产品回收立法看逆向物流 [J]. 中国物流与采购，2005 (14): 12-15.

[26] 魏洁，李军，魏航. 电子废物回收逆向物流模型研究 [J]. 物流技术，2005 (1): 28-30.

[27] 马洁. 储运包装回收物流模式分析 [D]. 北京: 对外经济贸易大学，2005.

[28] 温素彬，薛恒新. 面向可持续发展的延伸生产者责任制度 [J]. 经济问题，2005 (2): 11-13.

[29] 曾强银，王加宽，刘寒阳. 逆向物流回收模式研究 [J]. 南京审计学院学报，2005 (2): 76-78.

[30] 申成霖，汪波. 基于方法的电子商务逆向物流研究 [J]. 工业工程，2005，8 (3): 39-42.

[31] 罗兵，赵丽娟，卢娜. 绿色供应链管理的战略决策模型 [J]. 重庆大学学报，2005，28 (1): 105-109.

[32] 谢家平，陈荣秋. 产品回收处理策略优化的0-1型目标规划模型 [J]. 系统工程理论与实践，2004 (3): 52-57.

[33] 储洪胜，宋士吉. 反向物流及再制造技术的研究现状和发展趋势 [J]. 计算机集成制造系统，2004，14 (1): 10-14.

[34] 孙柯，冯耕中. 我国储运包装物回收管理模式浅析 [J]. 中国储运，2004 (6): 26-28.

[35] 姚卫新. 再制造条件下逆向物流回收模式的研究 [J]. 管理科学，2004，17 (1): 76-80.

[36] 肖文. 产品回收再利用物流网络的特征及其分类 [J]. 物流技术，2004 (2): 39-41.

[37] 马祖军，张殿业，代颖. 再制造逆向物流网络优化设计模型研究 [J]. 交通运输工程与信息学报，2004 (6): 53-58.

[38] 官绪明，杨坚争. 构架绿色物流体系——打造现代企业持续发展之路 [J]. 江苏商论，2004 (10): 66-67.

[39] 顾亚竹. 逆向物流和可持续发展 [J]. 物流科技，2004，27 (11): 52-54.

［40］张弦，季建华．逆向物流中的环境影响评价［J］．环境科学与技术，2004，27（5）：57-60.

［41］向永华，姚巨坤．再制造程中的逆向物流体系［J］．新技术新工艺，2004（6）：16-17.

［42］卢登峰．电子废弃物环境管理与回收利用的对策研究［J］．科技情报开发与经济，2004，14（7）：98-100.

［43］苏春，许映秋．制造业逆向物流的概念及其价值分析［J］．机械制造与研究，2004，33（5）：21-23.

［44］达庆利，黄祖庆，张钦．逆向物流系统结构研究的现状及展望［J］．中国管理科学，2004，12（1）：131-138.

［45］包鹏程．含逆向物流的库存控制研究［D］．上海：上海海事大学，2004.

［46］王鹏姬．物流战略联盟稳定性分析［J］．综合运输，2004（6）：38-42.

［47］柳键，马士华．供应链合作及其契约研究［J］．管理工程学报，2004，18（1）：85-87.

［48］岳辉．第三方逆向物流决策与网络构建［D］．成都：西南交通大学，2004.

［49］田厚平，郭亚军，杨耀东．分销系统中多委托人及委托人可能合作的委托代理问题［J］．系统工程理论方法应用，2004（8）：361-366.

［50］丁静，杜习英．电子商务——逆向物流管理中的退货管理［J］．物流技术与应用，2004，9（3）：86-88.

［51］顾亚竹．逆向物流和可持续发展［J］．物流科技，2004，27（11）：52-54.

［52］冯晖．电子商务中逆向物流的研究［J］．现代管理科学，2004（3）：114-115.

［53］吴建文．浅议绿色物流［J］．物流科技，2004，28（118）：28-30.

［54］邓云霞．企业逆向物流模式的决策研究［D］．上海：上海

海事大学，2004.

［55］范江华．企业逆向物流运作方式研究［D］．上海：上海海事大学，2004.

［56］钱勇．OECD 国家扩大生产者责任政策对市场结构与企业行为的影响［J］．产业经济研究，2004（2）：9-17.

［57］宋光兴，杨德礼．基于决策者偏好及赋权法一致性的组合赋权法［J］．系统工程与电子技术，2004，26（9）：1226-1230.

［58］许峰，王守茂，张艳军．基于第三方的逆向物流管理［J］．现代管理科学，2004（11）：27-28.

［59］糜仲春，丙缅云．废旧家电回收的反向物流系统模型研究［J］．科技进步与对策，2003（10）：68-69.

［60］姚卫新．电子商务环境下闭环供应链的原子模型研究［J］．管理科学，2003（2）：65-68.

［61］弋志刚．基于供应链的逆向物流管理的关键因素与作业流程模型研究［D］．成都：四川大学，2003.

［62］姚卫新．再制造的产品回收博弈分析［J］．物流技术，2003（3）：84-85.

［63］赵星卿，夏守长，奚立峰．产品再制造特征的研究［J］．新技术新工艺，2003（1）：7-10.

［64］谢家平，陈荣秋．产品回收处理的财务模型及其应用［J］．工业工程与管理，2003（4）：15-19.

［65］谢家平，陈荣秋．产品回收处理逆向物流的成本-效益分析模型［J］．中国流通经济，2003（1）：25-28.

［66］谢家平，陈荣秋．装配式产品回收处理的拆卸成本度量模型［J］．华中科技大学学报（自然科学版），2003（5）：92-94.

［67］黄祖庆，达庆利．一个允许退货的库存控制策略模型［J］．东南大学学报（自然科学版），2003，33（6）：792- 795.

［68］储洪胜，王京春，金以慧．反向物流库存模型控制策略［J］．中南工业大学学报（自然科学版），2003，34（4）：432-435.

［69］王长琼．国外逆向物流的经济价值及管理策略初探［J］．外

国经济与管理，2003，25（8）：18-21.

［70］米宁．基于逆向物流管理的产品回收网络规划研究［D］．大连：大连海事大学，2003.

［71］朱道立，崔益明，陈姝妮．逆向物流系统和技术［J］．复旦学报（自然科学版），2003，42（5）：673-679.

［72］张敏，朱道立．退货管理系统设计［J］．物流技术，2003（11）：58-61.

［73］董岗，龙海影．电子商务环境下对 ERP 的拓展研究［J］．价值工程，2003（6）：108-111.

［74］蒋惠园，王晚香．电子商务环境下逆向物流的实施［J］．商业时代，2003（244）：40-41.

［75］宋玮玮．风险评估在物流项目中的应用［D］．大连：大连海事大学，2003.

［76］戴勇．我国第三方物流产业环境驱动下的中小物流企业合作联盟［J］．中国流通经济，2002（3）：4-8.

［77］戴勇．基于 AHP 的 DCA 分析基础上的虚拟物流企业联盟伙伴选择［J］．系统工程，2002，20（5）：47-51.

［78］柳键，马士华．供应链合作的动态过程及合作契约［J］．科技进步与对策，2002（9）：91-92.

［79］夏守长，奚立峰．再制造物流网络的研究现状及发展趋势［J］．工业工程与管理，2002，7（5）：20-24.

［80］黄灿．全球领先的欧盟包装废弃物回收体系：拓展的制造商责任［J］．中国包装，2002（1）：54-57.

［81］柳键．供应链的逆向物流［J］．商业经济与管理，2002（6）：11-13.

［82］张卫民．北京城市可持续发展综合评价研究［D］．北京工业大学，2002：61-79.

［83］赵黎明，王迈，王刚．电子商务对反向物流的影响［J］．天津大学学报（社会科学版），2002，4（2）：101-104.

［84］冯坤，蔡建国．我国电子产品回收企业的现状与展望［J］．

机械设计与研究，2002（12）：11-12.

［85］向盛斌．逆向物流与环境保护［J］．物流技术，2001（1）：44-45.

［86］陈菊红，汪应洛，孙林岩．虚拟企业伙伴选择过程及方法研究［J］．系统工程理论与实践，2001（7）：48-53.

［87］李益强，李华，徐国华．面向产品全生命周期的企业绿色物流研究［J］．西安电子科技大学学报（社会科学版），2001，11（4）：38-41.

［88］吴洪坚，张晓萍，石伟，等．面向供应链的物流信息平台研究［J］．物流技术与应用，2001（2）：68-71.

［89］钱晓江．物流信息系统体系结构［J］．东南大学学报（自然科学版），2001，31（6）：40- 44.

［90］刘兴景，戴禾，杨东援．物流共用信息平台系统分析［J］．交通与计算机，2001，19（1）：34-38.

［91］宋光兴，邹平．一种基于组合赋权思想和理想点法的多属性决策方法［G］//2001 中国控制与决策学术年会（13th CDC）论文集．沈阳：东北大学出版社，2001：887-891.

［92］宋光兴．多属性决策理论、方法及其在矿业中的应用研究［D］．昆明理工大学，2001.

［93］刘家学，郑昌义．多阶段多指标决策的理想方案法［J］．系统工程理论与实践，2001（1）：61-64.

［94］田宇，朱道立．物流联盟形成机理研究［J］．物流技术，2000（2）：34-36.

［95］田宇，傅晔．供应链标杆学习［J］．物流技术，2000（6）：33-36.

［96］钱碧波，潘晓弘，程耀东．敏捷虚拟企业合作伙伴选择评价体系研究［J］．中国机械工程，2000（4）：397-402.

［97］冯蔚东，陈剑，赵纯均．基于遗传算法的动态联盟伙伴选择过程及优化［J］．清华大学学报（自然科学版），2000，40（10）：22-23.

[98] 陆金伟，达庆利．一种选择虚拟企业伙伴的框架 [J]．管理工程学报，2000，14 (4)：19-22.

[99] 王明涛．多指标综合评价中全系数确定的一种综合分析方法 [J]．系统工程，1999，17 (2)：56-61.

[100] 田宇，朱道立．物流联盟与合作博弈 [J]．物流科技，1999 (4)：33-35.

[101] 刘家学．对指标属性有偏好信息的一种决策方法 [J]．系统工程理论与实践，1998 (2)：54-57.

[102] 李斌．层次分析法和特尔菲法的赋权精度与定权 [J]．系统工程理论与实践，1998 (12)：74-79.

[103] 王之泰．面向二十一世纪的中国物流 [J]．中国物资流通，1997 (6)：13-15.

[104] 战德臣，叶丹，徐晓飞．动态联盟建立过程研究 [J]．计算机集成制造系统，1997 (8)：3-7.

[105] 胡秦生，郑春勇．模糊多目标系统实用最优决策方法的研究 [J]．系统工程，1995，13 (4)：48-52.

[106] 李登峰，陈守煜，等．多属性决策问题的模糊神经网络综合决策方法 [J]．系统工程理论方法应用，1995，4 (2)：45-52.

[107] 李占明．多目标决策的效用函数方法 [J]．系统工程，1989，7 (5)：52-54.

[108] 樊治平．多属性决策的一种新方法 [J]．系统工程，1994，12 (1)：25-28.

[109] Lehtonen M. Mainstreaming sustainable development in the OECD through indicators and peer reviews [J]. Sustainable Development, 2008, 16 (4): 241-250.

[110] Stock J R, Development and implementation of reverse logistics programs [M]. Oak Brook, IL: Council of Logistics Management, 1998: 20.

[111] Rogers D S, Ronald S. Tibben - Lembke. Going backwards: reverse logistics trends and practices [M]. Reverse Logistics Executive

Council, 1998: 7.

[112] Lambert D M, Stock J R. Strategic physical distribution management [M] . RD Irwin, 1982.

[113] Churchman C W, Ackoff R L, Arnoff E L. Introduction to operations research [M] . New York : Wiley, 1957.

[114] De Brito M P, Dekker R. A framework for reverse logistics [M] . SpringerBerlin Heidelberg, 2004.

[115] Schultmann F, Zumkeller M, Rentz O. Modeling reverse logistic tasks within closed - loop supply chains: an example from the automotive industry [J] . European Journal of Operational Research, 2006, 171 (3): 1033–1050.

[116] Listes O, Dekker R. A stochastic approach to a case study for product recovery network design [J] . European Journal of Operational Research, 2005 (160): 268–287.

[117] Ovidiu L, Rommert D. A stochastic approach to a case study for product recovery network design [J] . European Journal of Operational Research, 2005, 160 (1): 68–287.

[118] Ravi V, Ravi S, Tivari M K. Analyzing alternatives in reverse for logistics end - of - 1ife engineering, computers: ANP and balanced scorecard approach [J] . Computers & Industrial 2005, 48 (2): 327–356.

[119] Gonzalez–Tone P L, Adenso–Diaz B, Artiba H. Environmental and reverse logistics policies in European bottling and packaging firms [J] . International Journal of Production Economics, 2004 (88): 95–104.

[120] Spicer A J, Johnson M R. Third - party demanufacturing as a solution for extended producer responsibility [J] . Journal of Cleaner Production, 2004 (12): 37–45.

[121] Guide V D R, Harrison T P, Van Wassenhove L N. The challenge of closed - loop supply chains [J] . Interfaces, 2003, 33 (6): 3–6.

[122] De Brito M P, Dekker R. Modeling product returns in inventory

control-exploring the validity of general assumptions [J]. International Journal of Production Economics, 2003, 81-82: 225-241.

[123] Sarkis J. A strategic decision framework for green supply chain management [J]. Journal of Cleaner Production, 2003, (11): 397-409.

[124] Daniel S E, Pappis C P, Voutsinas T G. Applying life cycle inventory to reverse supply chains: a case study of lead recovery from batteries [J]. Resources, Conservation and Recycling, 2003 (37): 251-281.

[125] Jayaraman V, Patterson R A, Rolland E. The design of reverse distribution networks: models and solution procedures [J]. European Journal of Operational Research, 2003 (150): 128-149.

[126] Mason S. Backward progress [J]. IIE Solutions, 2002 (8): 42-46.

[127] Tsoulfas G T, Pappis C P, Minner S. An environmental analysis of the reverse supply chain of SLI batteries [J]. Resource, Conservation and Recycling, 2002 (36): 135-154.

[128] Stock J, Speh T, Shear H. Many happy (product) returns [J]. Harvard Business Review, 2002, 80 (7): 16-17.

[129] Kokkinali A I, Dekker R, de Koste M B M, et al. E-business models for reverse logistics: contributions and challenges [J]. Proceeduigs of the liitemational Conference on liifonnation Teclmology Coding and Computing, Las Vegas Nevada, 2002 (4): 1-7.

[130] Krumwiede D W, Sheu C. A model for reverse logistics entry by third-party providers [J]. Omega, 2002 (30): 325-333.

[131] Ryan S M, Min K J, Olafsson S. Experimental study of reverse logistics E-commerce [J]. In Proceedings of IEEE International Symposium on Electronics and Environment, San Francisco on 6-9 May 2002: 218-223.

[132] De Brito M P, Dekker R, Reverse logistics—a framework [J]. Econometric Istitute Repart EI 2002-38, Erasmus University

Rotterdam, the Netherlands 2002.

[133] Krumwiede D W, Sheu C. A model for reverse logistics entry by third-party providers [J]. Omega, 2002, 30: 325-333.

[134] Meade L, Sarkis J. A conceptual model for selecting and evaluating third - party reverse logistics provides [J]. Supply Chain Management, 2002, 7 (5): 283-295.

[135] Fleischmann M, Dekker K R. Controlling inventories with stochastic returns: a basic model [J]. European Journal of Operational Research, 2002, 138 (1): 63-75.

[136] Teuter R. Economic ordering quantities for remanufacturable item inventory system [J]. Naval Research Logistics. 2001, 48 (6): 484-495.

[137] Kiesmuller G P, van der Laan E, An inventory model with dependent product demands and returns [J]. International Journal of Production Economics, 2001, 72 (1): 73-87.

[138] Van Hillegersberg J, Zuidwijk R, Van Nunen J, et al. Supporting return flows in the supply chain [J]. Communications of the ACM, 2001, 44 (6): 74-79.

[139] Inderfurth K, de Kok A G, Flapper S D P. Product recovery in stochastic remanufacturing systems with multiple reuse options [J]. European Journal of Operational Research, 2001 (133): 130-152.

[140] Fleischmann M, Beullens P, Bloemhof - Ruwaard J M, van Wassenhove L N. The impact of product recovery on logistics network design [J]. Production and Operations Management, 2001, 10 (2): 156-173.

[141] Beullens P. Location, process selection, and vehicle routing models for reverse logistics [J]. PhD, Centre for Industrial Management, Katholieke Universiteit Leuven, Leuven, 2001.

[142] Fleischmann M, Beullens P, Bloemhof - Ruwaard J M, et al. The impact of product recovery on logistics network design [J]. Production and Operations Management, 2001, 10 (2): 156-173.

[143] Charles J, Corbett Uday S, Karmarkar. Competition and structure in serial supply chain with deterministic demand [J]. Management Science, 2001, 47 (7): 966-978.

[144] Li-Hsing Shih. Reverse logistics system planning for Recycling electrical appliances and computers in Taiwan [J]. Resources, Conservation and Recycling, 2001 (32): 55-73.

[145] Ed Grenchus E, Johnson S, McDonnell D. Improving environmental performance through reverse logistics at IBM [J]. IEEE, 2001: 236-240.

[146] Dowlatshahi, Shad. Developing a theory of reverse logistics [J]. Interface, 2000, 30 (3): 143-155.

[147] Masui T, Morita T, Kyogoku J. Analysis of recycling activities using multi-sectoral economicmodel with material flow [J]. European Journal of Operational Research, 2000 (122): 405-415.

[148] Toktay L B, Wein I M, Jenios S A. Inventory management of remanufacturable products [J]. Management Science, 2000, 46 (11): 1412-1426.

[149] Matthew J, Realff Jane C, Newton A D. Strategic design of reverse production systems [J]. Computers and Chemical Engineering, 2000, 24: 991-996.

[150] Toktay L B, Wein L M, Zenios S A, Inventory management of remanufacturable products [J]. Management Science, 2000, 46 (11): 1412-1426.

[151] Dowlatshahi S. Developing a theory of reverse logistics [J]. Interfaces, 2000, 30 (3): 143-155.

[152] Fleischmann M, Krikke H R, Dekker R, et al. A characterisation of logistics networks for product recovery [J]. Omega, 2000, 28 (6): 653-666.

[153] Klausner M, Hendrickson C. Reverse logistics strategy for product takes back [J]. Interfaces, 2000, 30 (3): 156-165.

[154] Matthew J R, Jane C A, Newton D. Strategic design of reverse production systems [J]. Computers and Chemical Engineering, 2000 (24): 991-996.

[155] Hansen U. Reverse logistics is the key far remanufacturing and a sustainable development [J]. International Symposium on Electronics and the Environment, 2000: 238-242.

[156] Louwers Dirk, Kip Bert J, PetersEdo, Souren Frans, Flapper Simme Douwe P. A facility location allocation model for reusing carpet materials [J]. Computers & Industrial Engineering, 1999, 36 (4): 719-869.

[157] Van der Laan E, Salomon M, Dekker R, van Wassenhove L. Inventory control in hybrid systems with remanufacturing [J]. Management Science, 1999, 45 (5): 733-747.

[158] Gungor A, Gupta S M, Issues in environmentally conscious manufacturing and product recovery: a survey [J]. Computers & Industrial Engineering, 1999, (36): 811-853.

[159] Jayaraman V, Guide Jr V D R, Srivastava R. A Closed-loop logistics model for remanufacturing [J]. Journal of the Operational Research Society, 1999, 50: 497-508.

[160] Krikke H R, van Harten A, Schuur P C, Business caseOcé: reverse logistic network redesign for copiers [J]. OR Spektrun, 1999, 21 (3): 381-409.

[161] Dirk L, Kip Bert J, Peters Edo, Souren Frans, Flapper Simme Douwe P. A facility location allocation model for reusing carpet materials [J]. Computers & Industrial Engineering, 1999, 36 (4): 719-869.

[162] Nagel C, Meyer P. Caught between ecology and economy: end-of - lifeaspects of environmentally conscious manufacturing [J]. Computers & Industrial Engineering, 1999 (36): 781-792.

[163] Krikke H R, Harten A V, Schuur P C. Business case roteb:

recovery strategies for monitors [J] . Computers & Industrial Engineering, 1999 (36): 739-757.

[164] Pitipong V. Design and analysis of disassembly and remanufacturing system in the electronics industry [D] . Northeaster University, Boston, Massachusetts, USA, 1999.

[165] Carter C R, Ellram L M. Reverse logistics: a review of the literature and framework for future investigation [J] . Journal of Business Logistics. Oak Brook. 1998.

[166] Hirsch B E, Kuhlmann T, Schumacher J. Logistics simulation of recycling networks [J] . Computers in Industry, 1998 (36): 31-38.

[167] Marin A, Pelegrin B. The return plant location problem: modelling and resolution [J] . European Journal of Operational Research, 1998, 104 (2): 375-392.

[168] Tibben-Lembke R S. The impact of reverse logistics on the total cost of ownership [J] . Journal of Marketing Theory and Practice, 1998: 51-60.

[169] Nagel C. Take IT back - European approaches for setting up reverse logistics systems [J] . IEEE, 1998: 25-29.

[170] Gooley T B. Reverse logistics: five steps to success [J] . Logistics Management and Distribution Report, 1998, 37 (6): 49-55.

[171] Burros A I, Deldcer R, Cholten V. A two-level network for recycling smd: A case study [J] . European Journal of Operational Researeh, 1998, 110 (2): 199-214.

[172] Johnson P F. Managing value inreverse logistics systems [J] . Transportation Research Part E, 1998 (3): 217-227.

[173] Guide J V, Daniel R, Rajesh S. Repairable inventory theory: Models and applications [J] . European Journal of Operational Research, 1997, 102 (1): 1-20.

[174] Fleischmann M, Jacqueline M, Ruwaard B, Dekker R. Quantitative models for reverse logistics: a review [J] . European Journal

of Operational Research, 1997 (103): 1-17.

[175] Berger T, Debaillie B. Location of disassembly centers for re-use to extend an existing distribution network [J]. Unpublished Masters Thesis, University of Leuven, Belgium (in Dutch), 1997: 192.

[176] Spengler T, Puchert H, Penkuhn T, Rentz O. Environmental integrated production and recycling management [J]. European Journal of Operational Research, 1997 (97): 308-326.

[177] Thierry M. An analysis of the impact of product recovery management on manufacturing companies [D]. Erasmus University Rotterdam, the Netherlands, 1997.

[178] Fleischmann M, Bloemhof-Ruwaard J M, Dekker R L, Van der Laan E, Van Nunen J A E E, Van Wassenhove L N. Quantitative models for reverse logistics: a review [J]. European Journal of Operational Research, 1997, 103: 1-17.

[179] Meade L M, Liles D H, Sarkis J. Justifying strategic alliances and partnering: a prerequisite for virtual enterprising [J]. Omega, 1997, 25 (1): 29-42.

[180] Talluri S, Baker R C. A quantitative framework for designing efficient business process alliance [J]. International Conference on Engineering Management and Control (I EMC), 1996: 656-661.

[181] Filip R, Jozef K. Vendor selection and evaluation an activity based costing approach [J]. European Journal of Operation Research, 1996 (96): 97-102.

[182] Richter K. The EOQ and waste disposal model with variable setup numbers [J]. European Journal of Operational Research, 1996, 95 (2): 313-324.

[183] Jacqueline M B, Ruwaard L, Salomon M, VanWassenhove L N. The capacitated distribution and waste disposal problem [J]. European Journal of Operational Research, 1996 (88): 490-503.

[184] Kroon L, Vrijens G. Returnable containers: An example of

reverse Logistics [J] . International Journal of Physical Distribution & Logistics Management, 1995, 25 (2): 48-55.

[185] Thierry M, Salomon M, Van Nunen J, Van Wassenhove L. Strategic issues in product recovery management [J] . California Management Review, 1995, 37 (2): 114-135.

[186] Jahre M, Logistics systems for recycling-efficient collection of household waste [D] . Chalmers University of Technology, Gotenberg, Sweden, 1995.

[187] Kroon L, Vrijens Cz. Returnable containers: an example of reverse logistics [J] . Journal of Physical Distribution & Logistics. 1995, 25 (2): 56-68.

[188] Thierry M, Salomon M, Van Nunen J, Van Wassenhove L. Strategicissues in product recovery management [J] . California Management Review, 1995, 37 (2): 114-135.

[189] Fuller D A, Allen J. A typology of reverse channel systems for post - consumer recyclables [J] . Environmental Marketing: Strategies, Practice, Theory, and Research, 1995: 241-266.

[190] Jack B, Greg G, Cynthia P. Logistics planning shifts into reverse [J] . The Journal of European Business, 1993, 10: 35-39.

[191] Stowers C L, Palekar U S. Location models with routing considerations for an obnoxious facility [J] . Transportation Science, 1993, 27 (4): 350-362.

[192] Kopichi R J, Berg M J, Legg L, Dasappa V, Maggioni C. Reuse and recycling: reverse logistics opportunities [J] . OakBrook, IL, 1993.

[193] Mabini M C, Pintelon L M, Gelders L F. EOQ type formulations for controlling repairable inventories [J] . International Journal of Production Economics, 1992, 28: 21-33.

[194] Pohlen T L, Farris T. Reverse logistics in plastics recycling [J] . International Journal of Physical Destibution & Logistics Management,

1992, 22 (7): 35-47.

[195] Koo J K, Shin H S, Yoo H C. Multiobjective siting planning for a regional hazardous wastetreatment center [J] . Waste Management and Research, 1991, 9: 218-250.

[196] Zografos K G, Samara S S A. Combined location-routing model for hazardous of the waste transportation and disposal [J] . Transportation Research Record, 1990, 1245: 52-59.

[197] Smith V K, Kaoru Y. Signals or noise? explaining the variation in recreation benefit estimates [J] . American Journal of Agricultural Economics, 1990, 42 (1): 33-42.

[198] Murphy, Paul R, Poist R P. Management of logistical retromovements: an empirical analysis of literature suggestions [J] . Transportation Research Forum, 1989, 2 (1): 177-184.

[199] Nakamura K. Preference relation on a set of fuzzy utility as a basis for decision making [J] . Fuzzy Sat and System, 1986, 20 (2): 147-162.

[200] Jennings A A, Scholar R L. Hazardous waste disposal network analysis [J] . Journal Environmental Engineering, 1984, 110 (2): 325-342.

[201] Dubois D, Prade H. Ranking of fuzzy numbers in the setting of possibility theory [J] . Information Sciences, 1983 (30): 183-224.

[202] Peirce J, Davidson G M. Linear programming in hazardous waste management [J] . Journal of Environmental Engineering, 1982, 108 (5) 1014-1026.

[203] Simpson V P. Optimum solution structure for a repairable inventoryproblem [J] . Operations Research, 1978, 26 (2): 270-281.

[204] Schrady D A. A deterministic inventory model far repairable items [J] . Naval Research Logistics Quarterly, 1967, 14: 391-398.

索　引

后　记

随着网络经济的发展和环境污染的日趋严峻，逆向物流受到政府、企业、学术等各界人士的强烈关注。能源危机让我们更加懂得珍惜资源，对回收逆向物流的管理空前重视，与此同时，作为逆向物流的另一个主要部分——退货物流也成为商家和消费者关注的主要对象。本书主要从企业角度出发，研究了面临逆向物流决策时，企业应该如何根据自身条件管理逆向物流。在电子商务如火如荼的21世纪，更多的企业跻身电子商务销售模式中，从零售商、物流配送商、消费者等多重主体出发，如何解决退货逆向物流管理中的决策问题，也是未来研究的主要发展方向。

本书提供的多属性决策方法不仅适用于回收逆向物流的决策问题，也适用于其他的多属性决策问题。作为本研究的进一步拓展，针对退货逆向物流的决策问题，如何对多属性决策模型和方法进行更深入的研究，寻求科学合理的决策方法是作者近期的主要研究方向。

本书虽然对多属性决策方法进行了研究，但是仍然存在很多问题有待进一步深入探索，希望本研究能够为相关的学者和研究人员提供一个共同探讨的契机，在未来的研究中得到大家的批评与指导！

作者

2014年5月